夢を先送りしない勉強法

石黒由華

JN227997

技術評論社

- 偏差値30台から
  東大に逆転合格

- 留学経験ゼロで自己紹介もできなかったのに、
  TOEIC950点超を取得、
  「Google社員レベル」と言われるほど
  英語がペラペラに

- 仕事と両立しながら8つの資格を取得し、
  昇進&キャリアアップ

- スキルアップで残業削減、
  遊ぶ時間ができ、プライベートが豊かに

- 0歳児を育てながら
  東大大学院に合格

- 趣味や人間関係も充実！
  とにかく人生が楽しくなる

これらは、勉強をきっかけに、
私自身が実現してきたことです。

は じ め に

○　いち早く勉強を始めることで、
　　あなたの人生は劇的に変わる

☑ 毎日の仕事はこなせているけれど、もっとスキルアップし
　たい
☑ 昔の友人が社会的に成功しているのを見て焦っている
☑ いまの会社を辞めて、よりやりがいのある仕事をしたい
☑「生きがい」となるような趣味を始めて、もっと人生を楽
　しみたい

　この本を手に取ってくださったあなたは、そんな悩みや希望
を抱えていらっしゃるのではないでしょうか?

　しかし、実際問題、大人になってからの勉強って壁が多いで
すよね……。

☑ 勉強しないといけないとわかってはいるけど、仕事が忙し
　くて時間がない……
☑ 毎日疲れて帰って来ているのに、さらに勉強する体力も集
　中力も続かない……
☑ そもそも何から始めればいいのかがわからない……

☑ 結婚して家事や子育てをしながら、さらに勉強とか不可能だと諦めている……

☑ デキる人の勉強法を真似するのはハードルが高すぎる……

☑ ちょっと勉強を始めてみたけど、全然思うように進まない、すぐやめてしまった……

☑ そもそも勉強が苦手、楽しくない……

　何かを勉強したほうがいいことはわかっていても、口で言うのと実際に行動するのとではまったく違います。

　国の調査によれば、社会人の1日の勉強時間の平均は、たったの「6分」。それもそのはず。社会人の7割は、1日の勉強時間が「ゼロ」。まったく勉強していないのです。

　このような中、いち早く勉強を始めることで、あなたの人生は劇的に変わります。

　そう断言できるのは、私自身が人生において何度となく勉強に人生を救われ、危機的な状況を乗り越えたり、届きそうもないと思っていた夢を叶えられたりしてきたからです。

　私が「勉強力」の大切さに最初に気づいたのは、高校生の時。当時の私は偏差値30台をとるほどの勉強嫌い。劣等感の塊で、将来の夢や目標もありませんでした。

　そんなとき、親身になってくれる予備校講師や勉強法のノウハウ本との出会いもあり、一念発起して受験勉強をスタート。学習計画の立て方や、同じ問題集を繰り返しやることの重要性など、現在も続けている勉強法の基礎を確立したことで、最後には東大に逆転合格することができました。

　さらに、自信がつき、性格も積極的になれた私は、大学生活

を思いっきり謳歌し、さまざまな経験を積めた結果、就職活動でもずっと憧れていたマスコミ企業に500倍の倍率で内定できました。勉強で夢を叶えられたのです。

○ 大人になっても勉強し続けることで人生が変わる

そんな成功体験を持つ私ですが、社会人になってしばらくは、勉強からは完全に離れていました。社会人に必要な「実力」を身につけるには、仕事をして経験値を積むことがすべてだと思っていたのです。

しかし、そんな考えは少しずつ変わっていきます。きっかけは、同窓会やOB会、異業種交流会などでさまざまな人と話をする中で、「何もない自分」に気づいたこと。OB会や異業種交流会のような場に来る人たちは、自分よりも社会的に成功した「スゴイ人たち」ばかり。その人たちの輝かしい「近況」を聞いていると、「それに比べて自分は……」と徐々に焦り、落ち込むようになりました。これという取り柄もなく、目立った成果もなく、自分の人生が空っぽで虚しいものに感じられ、「自分には何の価値もないのでは」と軽い鬱状態になりました。

「このままで終わりたくない！　でも、どうすれば……？」

そんなとき、周囲を見回して気づいたのは、「人生がうまくいっている人は必ず勉強している。そして、勉強し続けている」という事実でした。

重要なのは、「勉強ができれば、今の実力が普通でも輝ける」ということ。たとえば、会社で海外案件を任されているのは、TOEIC高得点で、英語ができる人たち。最初の就職先には恵まれなかったものの、その後「仕事と人づきあい以外の時間はずっと勉強している」と言っていた友人は、転職するたびにキャリアアップし、10年後には大手外資系コンサルのマネージャーにまで上り詰めていました。

　20代から50代まで、年齢層や立場、出会った場所もさまざまですが、自分の本当に得意なことややりたいことで目覚ましい活躍をし、充実した人生を送っている人たちは、「とにかく勉強している人が多い」——これは、当時の私にとって大きな発見でした。

　さらに、そういった人たちは、勉強以外では「いたって普通」「口下手で大人しい」「頭の回転はそこまで速くない」という場合も少なくありませんでした。それでも、語学や会計、プログラミング……専門分野や資格をもっている人は、そうでない人よりも確実にみんなから頼りにされ、求められます。

「これなら私でも真似できそう」

　そう思った私は、以前に創り上げた自分の勉強法をまた実践することで、冒頭でも述べたような成果を出すことができました。大人になってからも、勉強をきっかけに、人生がみるみると輝いていったのです。

勉強すれば、人生がどんどんうまくいく「上昇スパイラル」にのれる

　勉強から得られるリターンは、世間で認識されている以上です。キャリアアップや社会的評価はもちろん、夢の実現、人間関係の拡大、恋愛の成功など、人生に「上昇スパイラル」を巻き起こすきっかけをも与えてくれます。

── キャリアアップが叶う

　学歴や資格、専門知識やスキルを身につけることで、仕事の幅が広がり、昇進やキャリアアップ、転職に有利になります。
　私の場合でいうと、会計やデータ分析、分析ツールであるITのスキルを徹底的に勉強したことで、ずっと希望していた念願の部署に異動でき、昇進も叶えられました。データを自由自在に分析できるようになったことで、現在は経営企画の部署で市場調査や売上効果測定、経営計画などの分析をおこなっていますが、とてもやりがいを感じています。また、英語力を上げることで、海外案件にも関われるようになりました。

── 社会的評価が高まる

　学歴や資格、専門知識やスキルがあると、それだけで、周囲からの見る目が変わります。私は、「偏差値30台だった時代」と「東大に合格して以降の人生」、そして「仕事ができなかった日々」と「資格や専門知識を身につけてキャリアアップした生活」の両方を生きてきたので、このことをはっきりと実感しています。

—— 残業削減効果で、仕事もプライベートも思いのままに

　実務処理をスピードアップする知識やスキルを身につければ、残業時間を大幅に削減できます。

　たとえば、私は、VBA(Microsoft Excelのプログラミング）をはじめとしたプログラミング言語を勉強し、日々の業務を自動化できたことで、部署全体の残業を年間で200時間分減らし、社内での評価を大きく高められました。

　さらに、プライベートでは家族や友人と過ごす時間が増え、遊びや旅行にたっぷりと時間を使えるようになりました。1人でゆっくり過ごす時間や、これからの人生についてプランを練る時間もつくれるようになりました。

—— 人間関係が充実する

　勉強すると、人間関係も充実します。

　私自身、専門知識や資格の勉強で実力アップできたことで、起業した友人・知人から「一緒にやらないか」というお誘いが数多く来るようになりました。実際にそこで副業したときは、有名企業出身の友人・知人がたくさんでき、人脈が大きく広がりました。

　仕事だけではありません。勉強をきっかけにして、「一生の宝物」と呼べるような友人がそれまでよりもたくさんでき、人生の幅が広がりました。私の場合、大学・大学院時代の友人たちは、いまもなお、いつ会っても自然と話が盛り上がる気の置けない大切な存在ですが、深い友情が築けたのは、同じ学問分野を専攻し、マニアックな興味・関心を共有できたからこそだと思っています。

—— 人生に必要な知識を探しやすくなる

「勉強力」自体が、一生ものの財産になります。

たとえば、子育てでさえも、勉強は欠かせません。

「どの学校や習い事に行かせるのがいいか」
「どの本や教材なら、子どもの学力を効果的に伸ばせるか」

といった問いに答えるには、自分の思いつきや何となくの勘ではなく、正しい知識を積極的に収集して学んでいく「勉強力」が不可欠だと思います。

—— 性格が良くなる

このようにさまざまな面から人生が充実すると、ストレスが減り、性格も自然と明るくポジティブになっていきます。つまり、「勉強すると性格が良くなる」のです。

そして、性格が良くなると、やる気が湧いてきて、もっと努力できるようになったり、人に愛されやすくなったりします。すると、まるで引き寄せられるかのように、さらに多くの幸運が舞い込むようになっていきます。

○ 「勉強が苦手」「時間がない」の壁は、仕組みで乗り越えられる

「でも、今の自分でうまく勉強できるか不安………」

そんなことはありません。なぜなら、勉強成果を決めるのは、「頭の良さ」「勉強時間」「年齢」などではなく、結局は「勉強法」に尽きるからです。

本書では、勉強の成果を飛躍的に高める５つの「仕組み」を解説します。

① 「２×２の４マス表」で、最高の夢や目標が見つかる「目標設定」の仕組み
② 「ノートに書くだけ」で、魔法のようにやりたかったことを実現できる「目標達成」の仕組み
③ 「ちょっとした手順と裏技」で、知識がどんどん頭に入り、最速で結果が出せるようになる「インプット＆記憶」の仕組み
④ 「ほんの少しの工夫」で、勉強時間を最大化できる「時間活用」の仕組み
⑤ 「楽しくやるだけ」で、びっくりするほど英語がペラペラになる「英語学習」の仕組み

これらの５つの仕組みの特徴は、「どうすれば、ラクに楽しく結果が出せるか？」に重点を置いているところです。
せっかく勉強術の本を読んで、「朝活しよう」「本を何回も繰り返し読もう」といったノウハウを見ても、

「仕事で疲れているのに、どうやって朝起きるの？」
「１回読むだけで大変なのに、どうやって何回も読むの？」

となり、実践できなかった経験をお持ちの方は多いのではないでしょうか？

この本では、そんな心配はいりません。勉強も努力も苦手だった私自身が試して「どうやったらできるのか？」を徹底考察してきた約20年間の研究を集大成した1冊だからです。実際、この方法により、自分以外に多くの人が成功しており、汎用性も実証済みです。

　勉強をきっかけに、あなたの人生にもどんどん素晴らしいことが巻き起こるように願っています。

はじめに　3

- いち早く勉強を始めることで、あなたの人生は劇的に変わる
- 大人になっても勉強し続けることで人生が変わる
- 勉強すれば、人生がどんどんうまくいく「上昇スパイラル」にのれる
- 「勉強が苦手」「時間がない」の壁は、仕組みで乗り越えられる

第1章　なりたい自分に近づく「目標設定」の仕組み

| INTRO |　**2種類×2段階の「4つの目標」で必ず夢を叶える**　22

| STEP 1 |　**「叶えたいこと」をリストアップする**　24

- 他人の評価のために自分の心に嘘をつかない
- 時間・費用・実力は一度忘れて、「理想の自分」を言葉にしよう
- 本気で目指したい「ロールモデル」をリストアップする
- 理想の実現に役立つ「資格試験」をリストアップする

　　COLUMN　やりたいことを写真に記録して「目標の種」をとりこぼさない

| STEP 2 |　**「2種類」の目標を設定する**　39

- 目標は「2種類」つくるとうまくいく
- 「手をつけやすい目標」は必ず入れる
- **COLUMN**　「手をつけやすい目標」でピンとくるものがなかったら
- 「自分の夢を重視した目標」と「今の現実的報酬を重視した目標」を組み合わせる

| STEP 3 | 「2段階」の目標を設定する　46

- 難易度から「2段階の目標」を立てる
- 「数値化」で難易度を測定可能に
- 目標の難易度を測定する3つの方法
- 目標の「達成期日」を決める

| STEP 4 | 目標を掲示する　52

- 「いつも見えるところ」に掲げることで、1日1日は驚くほど変わっていく
- 「一番信頼できる人」に宣言する

第 2 章　やりたかったことを実現できる「目標達成」の仕組み

| INTRO | 「時間がない」を言い訳にしない　56

| STEP 1 | 4つのムダな時間を勉強時間に転化する　59

① ダラダラ時間
② 残業時間
③ 家事の時間
④ 通勤時間

| STEP 2 | 「目標達成チャート」をもとに教材を用意する　65

手順① 定番教材をチェックする
手順② 過去問・模試を入手する
手順③ ＋α教材を投入する

手順④ ＋α 過去問・模試を投入する

● 教材は必ず「実物」を見て、相性をチェックする

COLUMN 学習アプローチの選び方

| STEP 3 | 目標達成までの長期計画を立てる 76

● 「ToDoノート」で目標達成までの計画を立てる

● あえて紙のToDoノートを使う理由

COLUMN おすすめのToDoノート

● ToDo計画を記入する3つのステップ

| STEP 4 | 1日ごとに計画→実行→記録する 88

● 「積み上げ思考」で1日1日を大切にする

● ポイントは「スモール・ステップ」

手順① タスクを「今日中にやりたいタスク」「明日やるタスク」「それ以降になってもいいタスク」に分ける

手順② 「今日中にやりたいタスク」を、優先順位をつけて書き出す

手順③ 「小さなタスク」に分解する

手順④ 「数字」で具体化する

手順⑤ 必要に応じて「追加タスク」をその都度記入する

手順⑥ 実行する

手順⑦ チェック欄に印をつけ、ToDo欄にその日の進捗を追記する

手順⑧ 翌日のタスクを（前日か当日朝に）記入する

COLUMN 「いいこと日記」「その日やってしまって後悔していること」を書く

| STEP 5 | 長期計画を振り返る 108

手順① タスクが完了したら印をつけ、「実際にかかった期間」を記入する

手順② 「実際にかかった期間」をもとに、
タスクの量、難易度、期日を調整する

COLUMN 1ヶ月・1年の達成記録で
「続けたくなる仕組み」をつくる

第 3 章　知識がどんどん頭に入る
「インプット＆暗記」の仕組み

| INTRO | 効率良く成果を出す4つのSTEP　114

| STEP 1 | 「終点読み」×「娯楽読み」で下準備　115
- わずか30分の「終点読み」で、もう迷わない
- 「娯楽読み」で、楽しみながら実力をつける

| STEP 2 | 「3段階読み」×「カンニング勉強法」
でムダなくインプット　118
- 「3段階読み」で理解と定着が進みやすくなる
- 「カンニング勉強法」で考える時間・悩む時間を最小化

| STEP 3 | 「東大式まとめノート」で
効率良く覚えて忘れない　124
- 「東大合格生のノートはかならずしも美しくない」のはなぜ？
- なぜ、わざわざ「まとめノート」をつくるのか？
① 「見出し」「記号」「番号」を用いて、
頭の中に"引き出し"をつくる

COLUMN 情報整理におすすめのノート

② 「テスト形式」で、書きながら覚える

COLUMN 暗記におすすめの赤シート

③ 「暗記術満載」で、すぐに覚えて絶対に忘れない

COLUMN ノートの暗記が劇的に捗る「優れもの文具」3選

| STEP 4 | 過去問の「実践→分析サイクル」で、努力を成果に結びつける　147

① 「時間配分」の分析

② 「本番での解き方」の分析

③ 「わからない問題があったときの対応の仕方」の分析

④ 「苦手ポイントや弱点」の分析

やる気・集中力をアップする4つのテクニック　152

① 「5分間勉強法」で作業興奮を生み出す

② 勉強したくてたまらなくなる？「キリの悪いところで終わらせる」のスゴイ効果

③ 「ポモドーロ・テクニック」で集中力アップ

④ 飽きたら変えるだけ「スイッチング勉強法」

COLUMN ToDoノートで「脳のバックオフィス」を整える

第 **4** 章

24時間をムダにしない 「時間活用」の仕組み

| INTRO | これまでムダになっていた時間を勉強時間に大改造！　160

朝時間、昼休み、退社後、休日……
あらゆる空き時間をカフェでの勉強に使う　162

- 東大の教授にとってもカフェは秘密のスポット
- 勉強しやすいカフェを見つけて「カフェマップ」をつくる
- 週末は「カフェ巡り」で長時間学習
- 「勉強ができる人のカバンの中身」とは？

電車、病院、ジム……
外出時のスキマ時間をフル活用　172

- 外出時間には「読む」「覚える」勉強を
- 「多機能ペン」をカバンの内ポケットに1本常備しておく
- 「ひと駅の間に何を勉強する？」通勤電車をゲーム的勉強空間に
- 「スマホ勉強」ならあらゆる学びがスムーズに

「ながら勉強」で自宅での
勉強時間がみるみる増える　182

- 食事時間やくつろぎ時間にも「とりあえず本を開いてみる」
- COLUMN ブックストッパー／ブックスタンドを活用する
- お風呂、トイレ、歯磨き、就寝前……日常のルーティンに付箋＆ウェアラブル・メモで「暗記」を組み込む
- COLUMN おすすめの付箋＆ウェアラブル・メモ
- 料理、洗濯、掃除……家事時間なら「BGM学習」を

自宅勉強がはかどる環境のつくりかた　190

- 「好きな部屋」で勉強する
- 「スタメンバッグ」と「ベンチ入りバッグ」を用意する
- モチベーションを高める「トリガー」を設置する

第5章 今度こそ"英語ペラペラ" "TOEIC900点超え"が叶う 「英語学習」の仕組み

| INTRO | 英語がみるみる上達する「たった1つの方法」 194

英単語は「単語帳」「語源」「文章」で覚える　197

- 「単語帳」で覚える
- 「語源」で覚える
- 「文章」で覚える

リーディング力は「多読」で劇的に変わる　202

- 多読が効果的な3つの理由
- 「日本語訳つき英字新聞＆小説」を選ぶ
- 多読の3つのポイント
- 「英文書類」「英語論文」もスラスラ読めるようになるリーディング4つのポイント

リスニング力アップの秘訣は「多聴」にあり　210

- 多聴の3つのポイント
- まずはNHKのEテレの語学番組から
- 「英語音声に変えるだけ」で英語学習番組に
- 海外ドラマ"見るだけ"勉強法
- 「TED Talks」リスニング学習法

スピーキング力は「ストック」の インプット＆アウトプットで上げる　230

- まずは「ストックの数」を増やす
- 「0秒英語暗唱」で英語が口からスラスラ出てくるように
- 「Q&A式英語日記」で、「自分の表現したいこと」が 表現できるようになる
- 英会話スクール選びで後悔しない5つのポイント
- 英会話スクールでスピーキング力を上げる8つの方法

ライティング力は「書き写す」ことで高まる　245

- 「理想の英文」をひたすら書き写す
- 理想の英文と同じテーマについて、 自分で文章を書いてみる

おわりに　249

第 1 章

なりたい自分に近づく「目標設定」の仕組み

2種類×2段階の 「4つの目標」で 必ず夢を叶える

あなたは今、夢や目標を持っていますか？
もしあるなら、それはどんなものでしょうか？
そして、それを達成するために何をしていますか？

多くの人が、夢や目標があってもそれを実現できずにいます。
なぜなら、ほとんどの人の夢や目標は漠然としていて、具体的
な行動に結びつきにくいからです。

本章では、「2×2」の表を使って夢を叶える目標設定の「4
つのSTEP」を紹介します。

- **STEP1** 「叶えたいこと」をリストアップする
- **STEP2** 「2種類」の目標を設定する
- **STEP3** 「2段階」の目標を設定する
- **STEP4** 目標を掲示する

目標設定の2×2表

		「2種類」の目標	
		目標①	目標②
「2段階」の目標	理想の目標		
	実力に合った目標		

「叶えたいこと」を
リストアップする

○ 他人の評価のために自分の心に嘘をつかない

　まず、自分が心の底から「やりたいこと」「できるようになりたいこと」を、思いつくままに書き出していきましょう。大きなことでも小さなことでもかまいません。ただ、「幸せになる」「英語ができるようになる」といった漠然としたものではなく

「海外部門に異動する」
「TOEIC900点以上を取得する」

など、具体的に書いてみてください。
　特に重要なのは、**「周囲が喜ぶから」という理由**だけではなく、**自分の思いを大切にすること**です。

「正直興味がまったく湧かないけれど、まわりがやっているから学んでみる」
「人から勧められたから仕方なく学ぶ」
「安心したいから、嫌々だけど学ぶ」

という動機で目標を立てるのはおすすめしません。他人の評価

のために自分の心に嘘をつくような目標は、目標達成に至るまでモチベーションを維持するのが難しく、挫折しやすいですし、長い目で見ると、達成する意義が薄いからです。また、達成した後も、その分野に本気で興味のある人たちとの競争に勝てず、自分の価値を上げづらいというデメリットもあります。

◯ 時間・費用・実力は一度忘れて、「理想の自分」を言葉にしよう

　仕事でもプライベートでも、ずっと先の将来に関することでも、時間・費用・実力のことも、一度忘れてしまってかまいません。**実現可能性や優先順位はあとで考えればいい**のです。自分の才能や情熱を発揮できること、自分の存在意義や使命感を感じられることをリストアップしていきましょう。楽しくてたまらないもの、興味をそそられるものを、ためらわずに言葉にしてみましょう。

【例】
- 現在の勤務先で経営企画部門に異動したい
- 昇進したい、年収アップしたい
- Excel のスキルを伸ばし、資格も取得したい（MOS、VBAエキスパートなど）
- プログラミングスキルを伸ばしたい（まずはR言語かPythonを使えるようになり、データ分析により会社の売上アップに貢献したい）
- プレゼン資料の作成スキルを磨きたい（元ソフトバンクの前田鎌利さんのようなプレゼン資料を作成できるようになりたい。まずは部内で評価してもらえるレベルが目標）

- 会計や簿記の知識を身につけたい（手はじめに簿記検定を取得する）
- 海外部門に異動したい
- 英語の日常会話が流暢に話せるようになりたい
- 英語で電話対応やプレゼンができるようになりたい
- 英文メールを、日本語メールと同じくらいのスピードで書けるようになりたい
- 海外ドラマを字幕なしで8〜9割理解できるようになりたい
- TOEICで900点以上を取得したい
- コンサルやシンクタンクで社会政策の専門家として働きたい
- 東大の公共政策大学院に行きたい
- 海外に留学したい（シンガポール国立大、アイビーリーグ、オックスブリッジなど）
- 社会政策の研究者として、新規性の高い論文が書けるようになりたい（論文雑誌AやBに論文をアクセプトしてもらえるレベル）
- 趣味を豊かにしたい（月1回は美術館に行く。美術検定や世界遺産検定を取得する）
- 今年中に今の恋人と結婚したい
- 今年こそ海外旅行に行きたい（ニューヨーク、ロンドン、パリ）
- 引き締まった体づくりをしたい（週1回ジムやヨガスタジオに通う。ダイエット本を読む）

○ 本気で目指したい「ロールモデル」をリストアップする

　単純に自分のやりたいことをリストアップするだけでは、具体的な目標に気づけないことがあります。たとえば、「英語ができるようになりたい」とひと口に言っても、

- リーディングなのか、リスニングなのか、スピーキングなのか、ライティングなのか？
- どのような場面で英語が使えるということなのか？
- どのくらいのレベルでできることなのか？

など、さまざまな要素があります。

　そこで効果的なのが、ロールモデルを見つけ、その人の具体的な成果をリストアップすることです。

　たとえば、「英語ができるようになりたい」という夢があり、職場の人の英語力に憧れているとしましょう。その場合は、リストに、

- 職場の○○さん

と書き出し、その人のどんな点に憧れるのか、どんな点を真似してみたいかを書き出します。

【例】
- 英語で流暢に電話応対ができる
- 海外出張に行き、英語でプレゼンや交渉をこなしている

- 海外営業部で活躍している（昇進し、年収も高い）
- 英会話スクールで一番上のクラスにいる
- TOEIC900点以上
- 英文メールが書ける
- 英文の電話やFAX、メールが来たときに、同僚から頼りにされることが多い

　ロールモデルを見つけることで、あなたの目標は具体的になり、目標達成後のリターン（例：海外営業部で年収が高いなど）や、目標達成のための方法（例：英会話スクールAに通い、一番上のクラスにいるなど）も明確になります。すると、**自分の将来像が今よりも具体的に想像しやすくなり、目標達成に向けた計画も立てやすくなります。**

　そして、キラキラと輝くロールモデルの存在は、あなたに、自分の目標に対する確信を与えてくれます。「こうなりたい！」と思える存在が可視化されることで、目標への意識が高まります。強い憧れや尊敬の念を抱くことで、努力する力が湧いてきます。ファッションデザイナーのココ・シャネルも、こんな名言を残しています。

「『大物になろう』と思うのではなく、『こんな人になりたい』と決めると、心配事はほとんどなくなる」

　そのくらい、ロールモデルは、目標達成の支えとなってくれる存在なのです。

　ロールモデルを見つける方法には、「身近な人から見つける方法」と「著名人から見つける方法」があります。どちらにも、それぞれのメリットがあります。

—— 身近な人からロールモデルを見つける

　身近な人とは、たとえば、職場の上司や同僚、友人や家族などです。このような人たちは、直接話を聞くことができたり、そばで観察できたりする存在です。普段から関わりが持てるので学べることが多いですし、ありのままの姿を知ることができます。自分と何が違うのか、自分には何が足りないのか、自分との比較もしやすいです。

—— 著名人からロールモデルを見つける

　視野を広げたい場合は、著名人をロールモデルにすることをおすすめします。たとえば、自分が興味のある分野の著名人や専門家、自分が就きたい職種や業界で活躍している有名人などです。

　そのような人たちは、直接話を聞くことは難しいですが、いま自分が生きている世界では思いつくことのない思考や価値観をもっていたり、成功の秘訣やノウハウを知っていたりすることが多いです。一般人にはマネできない多くの成功をつかんできた著名人の話は、身近な知人からのアドバイスよりも刺激的で迫力があり、大きな夢や高い目標を目指すあなたの背中を押してくれます。

　著名人は、自分には手の届かないような存在に思えることもあるかもしれません。しかし、本人へのインタビュー記事やGoogle検索でよくよく調べてみると、**意外と自分にも真似できそうなところや、その存在に近づくためのヒントが見つかることも多い**です。

　受験勉強や資格試験の勉強に取り組みたい方々には、**合格体験記を読むこともおすすめします**。たとえば、東大受験を目指

していたときに、私がロールモデルにしていたのは、『東大理
Ⅲ──天才たちのメッセージ』（データハウス）に掲載されてい
る東大理Ⅲ（東大医学部）の合格者たちです。彼らの勉強法や
受験生活の送り方はとても参考になりましたし、将来への情熱
や芯の通った思考法には刺激を受け、受験生活のお供となって
くれました。

◯ 理想の実現に役立つ「資格試験」をリストアップする

ズバリ、目標は「資格」に置き換えてしまうと便利です。今
の時代、「目標あるところに資格あり」と言えるほど、たいて
いの目標には、対応する資格が存在します。たとえば……

- ビジネス英語のスキルを伸ばしたい
  - →TOEICテスト
- Excelのスキルを伸ばしたい
  - →MOS、VBAエキスパート
- ITのスペシャリストになりたい
  - →基本情報技術者、応用情報技術者、ITストラテジスト
- コンサルティング業界に転職したい
  - →中小企業診断士資格、大学院のMBAコース
- マスコミ業界に転職したい
  - →東大大学院情報学環・学際情報学府、慶應大大学院法学研
    究科ジャーナリズム専修、早稲田大大学院政治学研究科ジ
    ャーナリズムコースなど
- 公共政策に関わる仕事がしたい
  - →東大公共政策大学院など

- スポーツビジネスに関わりたい
  →早稲田大大学院スポーツ科学研究科など
- 周囲に一目置かれる教養を身につけたい
  →世界遺産検定や美術検定など教養系資格

資格には多くのメリットがあります。

—— 専門知識・スキルをもっていることを証明してくれる

　合格したら、社内でアピールすることもできますし、履歴書にも書けます。就職や転職、独立や開業に有利になりやすいです。

—— 漠然と勉強するよりも、効率的に知識を身につけられる

　資格なら、知識を身につけるための教材（テキストや問題集）が豊富にあるため、最短距離で知識を身につけられます。そのうえ、難易度が明確で、勉強もしやすいです。英語検定や簿記検定などの検定試験が1級〜4級まで難易度別の試験が用意されていることに典型的なように、自分の実力にあったレベルから始め、段階的にレベルアップしていくことも可能です。

　私自身、どのように伸ばしたらいいのかがわからなかったスキルを、資格を活用することで、着実に伸ばしていきました。資格は、目標達成のための最高の手段なのです。

　どの資格を勉強したらいいかお悩みの方は、次のリストを参考にしてみてください。

キャリアアップできる資格7選

1	TOEIC Listening & Reading Test	英語資格なら、やはり一番のおすすめはTOEIC。国内企業での昇進・転職の要件として最も重視されており、取得メリットが大きいうえに、学習を通じて日常生活やビジネスで生かせる英語が効率的に身につけられるのも魅力。約45分のリスニングテストと約75分のリーディングテストから成り、マークシート式。満点は990点。
2	TOEIC Speaking & Writing Tests	英語4技能のうち「聞く」「読む」に特化したTOEIC Listening & Reading Testに対し、「話す」「書く」英語力を証明できる資格。Speakingなら日常会話やビジネスにおける応答やプレゼンテーション、WritingならEメールや論文作成問題などが出題され、試験対策を通じて実践的な英語力が身につけられる。テスト時間はSpeakingが約20分、Writingが約60分で、どちらも満点は200点。
3	日商簿記検定	企業のお金の出入りを帳簿に記録する「簿記」の知識やスキルを証明する検定試験。財務・経理部門に求められる会計知識に加え、管理職や経営層を中心とした全ビジネスパーソンの必須スキルである「財務諸表を読み、企業の経営管理に結びつける力」が身につけられる。転職・昇進に向けて評価を上げたいなら2級以上がおすすめだが、難易度が上がるため、3級から勉強し始めるのがおすすめ。
4	秘書検定	秘書に求められる一般常識やビジネスマナーを習得できる資格。資格自体に対する評価はもちろん、学習を通じて、周囲から「感じのいい人」「信頼の置けるきちんとした人」と思ってもらえるような言葉遣いや立ち居振る舞いを学べるところも魅力で、取得メリットは大きい。電話応対などの基本常識・マナーから、上司や部下から指示や相談を受けたときのケース別の対応法など、これまで感覚で身につけるしかなかったものがスキルとして習得できる。難易度に応じて、3級、2級、準1級、1級がある。

5	ファイナンシャルプランナー	金融の基礎知識が身につく大人気資格。家計に関する金融や税制、不動産、住宅ローン、保険、教育資金、年金など、幅広い知識をもつマネーの専門家になれる。仕事はもちろん、プライベートでマネープランを立てる際にも役立つ。まずは難易度も高くなく、手をつけやすい3級からスタートするのがおすすめ。
6	ビジネス実務法務検定	法務実務の知識をひととおり習得できる資格。基礎的な内容から学べるので、法律の勉強をしたいと思ったときに最初に手をつけるのにいい。難易度により、3級、2級、1級がある。
7	色彩検定	色に関する幅広い知識や技能を評価する、文科省後援の公的資格。色の持つ特徴や色の組み合わせ方、専門分野における利用法などを習得できる。デザインや美容・ファッションの仕事に役立つのはもちろん、企画書やプレゼン資料で見やすく説得力のあるものがつくれるようになるので、実務スキルがぐんと上がる。プライベートでもファッションやインテリアなどのセンスが身につけられてお得!

キャリアアップできるIT資格7選

1	マイクロソフトオフィス スペシャリスト（MOS）	マイクロソフトのWord、Excel、PowerPointなどのスキルを証明する資格。実務に直結するパソコンスキルが身につく大人気資格で、累計受験者数は500万人超。
2	ITパスポート	ITの基礎知識を証明できる国家資格。DX推進が進む中、若手からベテラン社員まで、年間20万人が受験する人気資格。試験範囲は、AI・ビッグデータ・IoTなどの新しい技術や、セキュリティ・ネットワークなどのIT知識をはじめとして、経営戦略・マーケティング・財務・法務などの経営知識をも含み、あらゆるビジネスパーソンが一度は学んでおきたい内容となっている。合格率は50％以上で難易度は高くないが、実務に直結するITやビジネスの基礎知識を持っていることをアピールでき、資格取得によるコスパは◎。

3	VBA エキスパート	Excelのプログラミング言語であるVBA（Visual Basic for Applications）のスキルを証明する資格。Excelの定型業務を自動化し、大幅に効率化できるため、Excelを使う仕事をしている人には、日々の業務のためにも、ぜひ取得をおすすめしたい。数あるプログラミング言語の中で、最もシンプルで学びやすいものの1つであり、これからプログラミングを学びたいが何から学んでいいか悩んでいる人にもおすすめ。
4	ビジネス統計スペシャリスト	多くの企業でデータ管理ツールとなっているExcelによるデータ分析の実践力を評価する資格。Excelスキルと統計スキルを同時に身につけることができ、ビジネスでの活躍に直結する。
5	統計検定	統計の知識や活用力を問う資格。いわゆるIT資格ではないが、ビッグデータやデータサイエンスに注目が集まり、データ分析力の高い人材への需要が高まる今、役立つ知識が手に入る。
6	G検定	ITの中でも、AIやディープラーニングの基礎知識やビジネスでの活用力を証明する資格。「AIで何ができるのか」「AIをどう使えばいいのか」「どのようなビジネス活用事例があるか」などを知ることができ、市場価値の高いAI活用人材になるための第一歩を踏み出せる。
7	基本情報技術者	IT人材に必要な基礎的知識・技能、実践的な活用能力を証明する国家資格。上記の6つのIT資格と比べて、難易度はぐんと上がるが、その分、取得メリットは大きい。「ITエンジニアの登竜門」と言われている。受験者の多くは、若手エンジニアやエンジニアを目指す学生たちだが、近年は、資格自体のおもなターゲットがIT企業のエンジニアから、一般企業でDX推進に携わるデジタル人材へと変わってきているため、多くのビジネスパーソンにおすすめしたい。また、合格後にさらにワンランク上のITエンジニアであることを証明したい場合は、この上位資格である「応用情報技術者」に挑戦したい。

働きながら目指せる！　専門家系資格4選

1	中小企業 診断士	「日本版MBA」とも呼ばれる、経営コンサルティングの国家資格。難関ではあるものの、その他の士業系資格（医師・弁護士・会計士・税理士など）に比べると難し過ぎず、働きながらでも取得できる。合格者は、30代、40代を中心として、20〜50代まで幅広い年齢層が占める。経済学、財務、企業経営理論など、中小企業に限らず大手企業の経営やコンサルティングに役立つ知識を習得できるので、実務にも直結。開業もできるが、企業に残り、昇進・給与アップにつなげている合格者が多い。
2	社会保険 労務士 （社労士）	企業の人事労務管理の国家資格。中小企業診断士と同じく、働きながら勉強しやすい士業系資格で、合格者のほとんどを30〜50代が占める。試験範囲は、労働基準法や労務管理、雇用保険・社会保険・健康保険の法律など。開業もできるが、勤務先に残り、人事部門で活躍すれば、昇進・給与アップにもつなげられる。
3	宅地建物 取引士 （宅建）	毎年約20万人が受験する、人気・知名度の高い国家資格。不動産売買や賃貸の仲介をおこなう専門家。不動産業では従業員の5名に1名以上の宅建士の設置が法的に義務づけられており、人材としての需要が高い。士業の中では難易度が最も低い資格の1つで、問題形式もマークシート式で受験しやすい。
4	ITストラテジスト	IT分野の最高峰に君臨する国家資格。コンサルタントのように企業のIT戦略を策定するエンジニア上級職で、経営とITを結びつける専門家。合格できれば飛躍的にキャリアアップが期待できる。「基本情報技術者」「応用情報技術者」に合格し、IT人材としてさらなる高みを目指すなら取得したい。難関だが、働きながらでも取得できる。

人生が豊かになる＆個性をアピールできる！
大人の趣味・教養系資格8選

1	世界遺産検定	国内外の世界遺産の知識を問う、文科省後援の民間資格。これまで累計35万人超が受験した人気資格で、芸能人でも、俳優の鈴木亮平さんや雅楽師の東儀秀樹さんなどが取得している。旅行・観光業界の仕事に役立つのに加え、「世界遺産の教養があることで旅行が楽しくなる」「外国人や旅行好きの人との会話で盛り上がれる」「素晴らしい世界遺産を学ぶことで感性が磨かれる」などメリットは多い。
2	美術検定	美術の知識・教養を問う資格。原始・古代から現代アートに至るまでの美術作品や作家について、ひととおり学習できる。美術館に行くのが楽しくなるほか、美に対する感性が磨かれ、「アート思考」などビジネスシーンでも役立つ教養が身につけられる。
3	歴史能力検定	大人として知っておくべき、世界史・日本史の知識が身につけられる。歴史の教養は、国際人として海外の人と話す際に役立つほか、歴史好きの人（中高年男性に多い）との会話に困らない、歴史ドラマが面白くなる、広い視野で世界を俯瞰できるようになるなどのメリットも。
4	和食検定	和食の知識やマナーなどが学べる資格。和食を頂くのが楽しくなるのはもちろん、会食・接待のときにも役立つ教養が身につく。和食に関する英語知識も問われるため、国際人としての素養も高められる。
5	日本ビール検定（ビア検）	ビール好きにおすすめの資格。ビールの歴史・製法・原料・種類などの基礎知識や、おいしく飲むための方法・蘊蓄などを学習でき、これまで以上にビールを味わい深く楽しめるようになる。持っているだけで「ビール大好きです！」と個性をアピールできるのもいい。受験級にかかわらず、100点満点を取ると、ビール1年分が進呈される。

6	ワイン エキスパート	ワイン愛好家向けの民間資格で、世界中のワインについての知識や、ワインのテイスティング技術が身につく。ワインの味がわかる教養ある大人になれる、魅力的な資格。
7	日本化粧品 検定	化粧品の知識を問う、文科省後援の検定試験。受験者数はこれまで累計132万人超。化粧品・美容業界のキャリアアップにつながるほか、自分に合う化粧品の選び方や使い方がわかり、外見の魅力をアップできる。「血行不良が原因で起こる青くまをカバーする場合、何色のコンシーラーを使用するのが効果的？」「オイル美容液を使う目的と使う順番は？」など、役立つ知識満載！
8	京都検定	歴史や文化など、京都についての知識を問う検定。伝統ある古都・京都について知ることで、旅行が楽しくなるのはもちろん、日本文化への理解が深まり、国際人としてワンランクアップできたり、雅な感性を身につけられる。合格者にはお得な施設優待があるのも◎。

やりたいことを写真に記録して「目標の種」をとりこぼさない

「やりたいことをリストアップしよう」と言われても、何も思いつかないことも多いのではないでしょうか。かつての私もそうでした。

そこで私が実践しているのが、「スマホの写真アプリ」を活用して、自分のやりたいことやなりたい姿を日常生活の中で少しずつ記録していく方法です。

やり方は、超シンプル。本や雑誌、テレビ番組やネット記事、パンフレットなどから自分の人生のヒントになりそうな情報を収集し、やりたいことやロールモデル、受験してみたい資格などに出会ったら、それをそのまま、**スマホの「カメラ機能」や「スクリーンショット」で保存していくだけ**です。

- インターネットの記事　→　スクリーンショット
- それ以外（本・雑誌・テレビなど）　→　カメラ機能

保存した写真は、ほかの写真と区別するために、「お気に入り」の星印をつけておくといいでしょう。

「探さなくては」と気負わず、SNSで「いいね」をつけるくらいの気軽さでできるので、**忙しさの中で忘れてしまう「目標の種」**を取りこぼすことがなくなります。

STEP 2

「2種類」の目標を 設定する

○ 目標は「2種類」つくるとうまくいく

叶えたいことをリストアップしたら、その中から目標を「2種類」に絞りこみます。

なぜ「2種類」なのでしょうか？
3つも4つも目標があると処理しきれないのは明白ですが、なぜ「1つ」よりも「2つ」がいいのでしょうか？

それは、目標が2つあったほうが、メリットがあるからです。

── モチベーションを維持しやすい

目標が1つしかないと、失敗した場合、自分自身が否定されたような気持ちになります。努力する過程でも「自分にはこれしかない」と思うと、プレッシャーが大きく、苦痛を感じてしまいます。完璧主義に走り、非効率な進め方をしてしまうことにもつながりかねません。

一方、目標が2つあると、**「もしダメでももう1つがある」と思えることで、苦痛が軽減され、ラクな気持ちで取り組めます**。「逃げ」をつくることで気持ちを軽くでき、結果的に最後まで継続して努力しやすくなるのです。

また、片方の目標達成に向けた勉強をどうしてもやりたくないと感じたり、勉強に飽きてしまったりしたときに、そのやりたくない気持ちの反動で、もう片方の目標に向けた勉強に取りかかりやすいというメリットもあります。

　たとえば、私はこれまで「英語」と「会計・簿記」、「英語」と「プログラミング」など、異分野の勉強を同時におこなってきました。そして、英語に疲れたときはプログラミングを勉強し、プログラミングに飽きたときは英語を学ぶというようにしていました。そうすることで、「英語以外のことに取り組める」「やっと数式から解放された」と、嫌なものから逃れられる安堵感から、もう片方の勉強が不思議なほどにサクサク進められるようになりました。

── 相乗効果で学びがスピーディになる

　さらに、片方で学んだことから、もう片方にも役立つ知識・スキル・考え方などが得られ、**1つのことしか学んでいない時よりも驚くほどスピーディに学習できることがあります**。これは「学習の転移」といって、教育心理学でも言われていることです。

　私が英語とプログラミングを同時に学んだときの例で言うと、プログラミング言語で用いられている言語は英語であるため、英語を同時に学ぶことで理解しやすくなり、習得スピードが速まりました。逆に、プログラミング学習で身につく論理的思考力は、英文のライティングやスピーキングの文章作成スキルの向上に役立ちました。

　マンガ家の手塚治虫さんも、こんな名言を残しています。

「夢は2つ以上持ってください。

　僕も漫画家と医者という2つの夢を持っていました。

　夢が1つしかないと、その夢が破れたとき挫折してしまう。

　でも2つ以上夢があれば、そうはならないでしょ」

「医師」と「漫画家」という2つの夢を抱いた手塚治虫さんは、漫画家の夢を大成させただけでなく、大阪大学の医学部を卒業し、医師国家試験にも合格。医師としての知識をフル活用し、漫画家としての代表作『ブラック・ジャック』を生み出しています。「2つ」の夢を叶えた経験が、彼自身や彼の作品に大きな影響を与えたのです。

「リストアップした目標が多くて迷ってしまう……」

　そんな時は、最後にリストに残った目標を「2つの基準」で評価してみましょう。

　① 目標に向けた勉強は、自分にとって「手をつけやすい」ものか？　それとも、「手をつけづらい」ものか？
　② 目標は、どちらかというと「自分の夢」を重視した目標か？　それとも、どちらかというと「確実なリターン」を重視した目標か？

○「手をつけやすい目標」は必ず入れる

　まずは、「手をつけやすい目標」なのかどうかを見極めましょう。

「手をつけやすい目標」とは、「やる気が出ないときでも何ら

かの行動を起こせる目標」のことです。

- 得意なこと
- 大好きなこと
- これまでに学んだ経験のあること
- 楽しく学べること
- 夢中になれること
- 趣味や遊びの延長でできること

　逆に、「手をつけづらい目標」とは、「苦手だ」「初学である」などの理由で、目標に向けた行動を起こしづらい目標のことです。また、たとえ大好きで夢中になれることでも、負担が大きくて着手しづらい目標はこちらに当てはまります。

　たとえば、私の場合、大学院での論文執筆は独創性が求められ、負担感が大きいため、「手をつけづらい目標」です。これに対して、ほかの人が書いた学術書や新書、研究論文を読むのは、読むだけなのでそれほど負担がかからず、「手をつけやすい目標」です。

　最終的に決定する「2種類の目標」のうち、どちらか片方でも「手をつけやすい目標」であれば、最初のエンジンをかけやすくなります。もう片方は、最初のエンジンがかかり、やる気が出てきたところでうまく切り替えて学び始めればいいのです。2つの学びを上手に行き来することで、効率良く、楽しく勉強しましょう。

「手をつけやすい目標」で ピンとくるものがなかったら

「手をつけやすい目標」としてピンとくるものがない場合は、「語学」の勉強を選ぶといいでしょう。特に「英語」は、ほとんどあらゆる職種や場面で必要とされますし、現代人が学んでおくべき必須スキルであり、おすすめです。

　私自身、これまで「2つの目標」のうちの1つに、語学を入れることが多かったです。大好きなドラマや、興味のある海外の政治家やセレブリティの記事、英会話スクールなどを活用し、楽しみながら、目標達成をしていました。

「教養」も、「手をつけやすい目標」になりやすいです。歴史や芸術（絵画や音楽）などの「教養」は、面白みがあって、手をつけやすいのではないでしょうか。また、最近では、『世界のエリートはなぜ「美意識」を鍛えるのか？』（光文社）などの本が注目されたり、宇宙飛行士候補の米田あゆさんが外科医をしながら芸術系大学院に通っていたことが話題になるなど、教養の価値が見直されています。

　また、「読書」も、アウトプットが求められず、疲れているときでもおこないやすいです。ビジネス書を読み、仕事術や時間術を学んだり、自分の職種や業界の知識を学べる本をパラパラとめくったりするだけなら、モチベーションに関わらず比較的手をつけやすいです。

○ 「自分の夢を重視した目標」と「今の現実的報酬を重視した目標」を組み合わせる

　もう1つは、リストアップした目標を、次の2つで分ける方法です。

- 将来の長期的計画に向けた「自分の夢を重視した目標」
- 短期的報酬を優先させた「現実的報酬を重視した目標」

　もちろん、「自分の夢を重視した目標」であり、かつ「今の現実的報酬を重視した目標」でもある場合は問題ありません。しかし、もし2つの目標のうち、**片方が「自分の夢を重視した目標」ならば、もう片方は「現実的報酬を重視した目標」にしましょう**。逆に、片方が「現実的報酬を重視した目標」ならば、もう片方は「自分の夢を重視した目標」にしてみましょう。

──「自分の夢を重視した目標」の例

- 「別の業界に転職したい」
- 「自分の会社を立ち上げたい」
- 「ハーバード大でMBAを取りたい」

　たとえば、「今は一般企業に勤務しているが、将来は大学やシンクタンクで社会政策の研究がしたい」という大きな夢や長期的計画に向けて、「東大の公共政策大学院に入学する」という目標を立てるといった形です。

──「今の現実的報酬を重視した目標」の例

- 「早く会社で評価されたい」
- 「子どもの成績を上げたい」

　直近で結果が出せて、周囲からもすぐに評価してもらえる目標です。

　たとえば、仕事に役立つ資格を取得したり、ビジネス書を読んで役立つ知識を身につけることが挙げられます。

「自分の夢を重視した目標」ばかりだと不安や焦りに苛まれ、「現実的報酬を重視した目標」ばかりだと退屈や虚しさに襲われてしまいます。両者を組み合わせれば、その心配はありません。「自分の夢を重視した目標」を持つことで得られる喜びや生きがいは、「現実的報酬を重視した目標」に向けて努力するための元気を与えてくれますし、「現実的報酬を重視した目標」があることで、常に結果を出し続けることができ、周囲からの評価や自己肯定感が高まり、「自分の夢を重視した目標」に安心して取り組めます。

「2段階」の目標を設定する

○ 難易度から「2段階の目標」を立てる

　目標を立てるとき、私たちはつい、欲張った目標を立ててしまうことが多いのではないでしょうか。しかし、高すぎる目標は、達成できないリスクも高く、うまくいかなかったときには挫折感や失望感を抱えることにもなってしまいます。だからといって、だれでもできる低い目標では意味がありません。

　そこで重要なのが、**「難易度の高い目標」と「難易度の低い目標」の両方を組み合わせる**ことです。

「難易度の高い目標」は、あなたの人生の羅針盤です。「難易度の高い目標」は、生きがいやモチベーションをもたらしてくれますし、「難易度の低い目標」ばかりを立てている人には到達できない高みにあなたを連れて行ってくれます。年収や社会的評価などのリターンも、難易度に比例して大きくなります。

　一方、「難易度の低い目標」は、「難易度の高い目標」に近づくためのステップになります。いきなり「高い目標」に挑戦すると、必ず壁にぶつかります。最終的に高い目標に到達するためには、小さな成功の繰り返しが必要です。

　たとえば、英検や簿記などの資格の勉強をするとき、最初から1級や準1級を目指すのではなく、まずはだれでも取り組みやすい3級レベルから始めれば、挫折することなく、着実に成

果を出していけます。

　そのため、「難易度の高い目標」と「難易度の低い目標」の両方をバランス良く設定することが大切になります。

◯ 「数値化」で難易度を測定可能に

　目標の難易度を判断していく際に、必ずやっておきたいことがあります。それは、**目標を「数値」に置き換えて、測定可能なものにする**ことです。達成までの計画を立てやすくなりますし、達成までの過程で、進捗や達成度を客観的に評価できるようになるからです。目標達成に向けて必要な努力や改善点も見えてきて、「毎日1歩1歩確実に進んでいる」という感覚を持てるので、モチベーション維持にも役立ちます。

——「英語ができるようになる」ことが目標の場合の例

- TOEIC900点以上を取得する
- 海外ドラマのワンエピソードを、字幕なしで完璧に聞き取れるようになる
- 英会話の役立つフレーズを100個覚える

——「Excelができるようになる」ことが目標の場合の例

- MOSとVBAエキスパートの資格を9割以上の点数で合格する
- 仕事に使えるExcel関数を50個覚える

○ 目標の難易度を測定する3つの方法

「高い目標」を立てる際も、「低い目標」を立てる際も、目標の難易度を測定することが大切です。難易度とは、現状の自分と達成したい目標とのギャップです。ギャップを測るためには、次の3つの方法が有効です。

① 現時点での自分のレベルを測る
② すでに目標を達成した人をペースメーカーにする
③ 専門家からアドバイスを受ける

── ① 現時点での自分のレベルを測る

たとえば、「TOEICで900点以上を取る」という目標が自分にとってどれくらい難易度の高いものかを知るためには、TOEICを受験して（もしくは模擬試験のテキストを利用して）、「現在の自分のTOEICスコアは何点か」を測る必要があります。もし現在のスコアが800点以上なら、この目標は適切なものと言えるでしょう。しかし、現在のスコアが500点以下なら、この目標はあなたにとって高すぎるかもしれません。

── ② すでに目標を達成した人をペースメーカーにする

「TOEIC900点以上を取った人は、元々どのくらいの英語力があり、それに加え、どのくらいの時間やお金をかけ、どのような勉強をしているのか？」
「それに対して、自分はどうか？」

と、すでに目標を達成した人と比較することも重要です。それ

によって、あなたは自分が目標達成のためにどれだけ努力しなければならないか、また、その努力が可能かどうかを判断できます。

比較対象は、周囲の人たちはもちろん、試験であれば合格体験記や合格率などによっても判断できます。インターネットを使えば、同じ目標を達成した人の話はいくらでも拾えます。

── ③ 専門家からアドバイスを受ける

専門家からのアドバイスもとても大切です。長年にわたって多くの受験者を指導してきた経験豊富なプロフェッショナルの力を頼ってみましょう。スクールに通う時間がなかったとしても、体験レッスンなどで一度話を聞いてみたり、かんたんなアドバイスをもらったりするだけでも役立ちます。たとえば、自分にとって「TOEIC900点以上」がどのくらい難しい目標なのか、自分が無理なく上げられる点数の上げ幅はどのくらいなのかを、客観的に判断できます。

○ 目標の「達成期日」を決める

最後に欠かせないのが、「達成期日」です。同じ目標でも、1ヶ月後に達成しなければならないのと、2年後に達成すればいいのとでは、難易度は当然変わってくるからです。

また、**人は締切日がないと、なかなか行動できないもの**です。「いつかできるようになりたい」と思うのではなく、

「この日までに目標を達成するためには、1年後にここまで達成していなければならない。半年後は、1ヶ月後は……」

と目標達成までの見通しをもって、計画を立てることではじめて、目標達成に向けて具体的な行動がとれるようになります。また、「締切効果」により、日々の勉強の集中力が高まります。

　本章冒頭の表を例に見てみましょう。

「理想とする目標」と「期日にゆとりをもたせた目標」

		「2種類」の目標	
		目標①	目標②
「2段階」の目標	理想の目標	1年でTOEIC900点以上	半年でVBAエキスパートスタンダード資格
	実力に合った目標	1年でTOEIC600点以上（OR2年〜3年でTOEIC900点以上）	半年でVBAエキスパートベーシック資格（OR1年〜1年半でスタンダード資格）

		「2種類」の目標	
		目標①	目標②
「2段階」の目標	理想の目標	来年の試験で東大大学院〇〇先生の研究室に合格	半年後に秘書検定1級か準1級に合格
	実力に合った目標	来年の試験で第2志望の大学院に合格（OR再来年の試験で東大大学院に合格）	半年後に秘書検定2級に合格（OR1年後に秘書検定1級か準1級に合格）

表では、理想とする目標は「1年でTOEIC900点以上」「東大大学院一発合格」ですが、もう1つ、同じ目標でも期日にゆとりをもたせた目標（「2年～3年でTOEIC900点以上」「2回目の受験で東大大学院合格」）を設定しています。

このように、期日にゆとりのある目標をもう1つ設定することで、思うようにいかなかったときも挫折せずにがんばれますし、無理のない計画を立てやすくなります。

これから手をつける勉強について、達成期日を明確化するのはなかなか難しい面もありますが、目安としては次のように考えていくといいでしょう。

――「理想の目標」の欄に入れる期日

自分にそれなりの負荷やストレスをかければ達成できそうな期日を設定します。「ちょっと大変そう」「努力しなければ」と感じるレベルです。

――「実力に合った目標」の欄に入れる期日

今の自分のまま、ストレスなくゆったりと勉強しても達成できそうな期日を設定します。目標設定の時点では楽勝に見えても、実際にやってみると大変ということが多々あるので、目標としては少々物足りないと感じるくらいでちょうどいいです。

目標を掲示する

○ 「いつも見えるところ」に掲げることで、 1日1日は驚くほど変わっていく

　STEP1〜3の方法で目標が設定できたら、「2×2」の表を自分がいつも見えるところに掲げましょう。目標が常に「見えている」というだけでも、日々の行動は変わってきます。目標を掲示することによって、忙しい中でも目標を忘れてしまわなくなりますし、目標への情熱やモチベーションを維持しやすくなります。

　掲げる場所は、次のように1日に一度は目にするようなところです。

- 机の上
- 冷蔵庫の扉
- 手帳のノートページ

　費用も時間もかかりませんが、とても効果的な方法です。ぜひ試してみてください。

○「一番信頼できる人」に宣言する

もう1つおすすめしたいのが、「目標を一番信頼できる人に宣言する」という方法です。

職場の仕事も、1人で進めるのではなく、チームで進めるからこそ、義務感や責任感、いい意味でのプレッシャーを感じられ、途中で放り出すことなく成果を出すことができるのではないでしょうか。同じことを、自分自身の夢や目標、学びやスキルアップのためにおこなってみましょう。

宣言する相手は、**あなたが一番信頼でき、ありのままの自分の姿を見せられる人**がおすすめです。特に、褒め上手で、温かい人柄の人はおすすめです。目標に近づいていく過程で、喜びを共有し、褒めてくれるような相手がいることで、ぐっとモチベーションが高まるからです。苦しいときには、応援や励ましの言葉をくれたり、アドバイスをくれたりする人だといいでしょう。ネガティブで否定的なことを言う人に宣言するのは逆効果です。

私の場合は、夫や母親に宣言するようにしています。友人や職場の上司・同僚には照れがありますし、実現しなかったときに恥ずかしいという思いが先立ってしまいますが、夫と母にはそのような建前や自分を良く見せたい思いがないからです。

「目標を人に宣言する」というと、**SNSなどで不特定多数に宣言するようなことを思い浮かべるかもしれませんが、あまりおすすめしません**。過度なプレッシャーになってしまい、逆効果だからです。それよりも、1人か2人、自分の思いをしっかりと共有できる人を選ぶことをおすすめします。

第 2 章

やりたかったことを
実現できる
「目標達成」の仕組み

「時間がない」を言い訳にしない

　あなたは1日の中に「勉強に使える時間」がどのくらいありますか？
「じつはほとんどない」のではないでしょうか？

　ビジネスパーソンの1日のスケジュールは、人によって差はあるものの、多くは次のような感じではないかと思います。

ビジネスパーソンのよくある1日

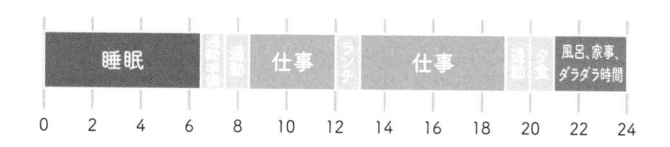

　これに加え、子どもがいると、夜の貴重な自由時間さえ失われることに……。

　では、休日はどうでしょうか？
　ゆっくり過ごせそうに見えますが、意外とあっという間ということも……。

ビジネスパーソンのよくある休日

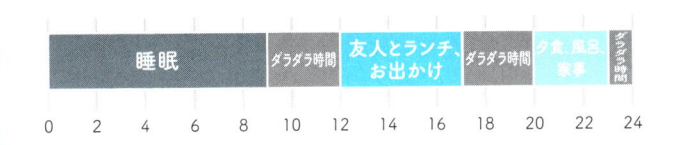

1日24時間あるといえども、仕事や家事、諸々の用事に大半の時間をとられてしまい、とにかく忙しい。そして、せっかくの自由時間も、スマホやテレビ、ゲームなど、どうでもいいことで浪費してしまう。スマホにしても、「やりたいから」「楽しいから」やっているというよりも、「何となく」「仕方なく」「ダラダラ」やっていて、貴重な時間がどんどん奪われてしまう……「何もしていないのに休めていない」「遊んでいるのに楽しくない」という、最悪の時間の過ごし方です。私自身、かつては何の成果も出せずにただ時間を過ごすことばかりでした。

しかし、これから紹介するノウハウによって、1日の過ごし方は次のように変えられます。

勉強法で1日の過ごし方はこんなに変わる

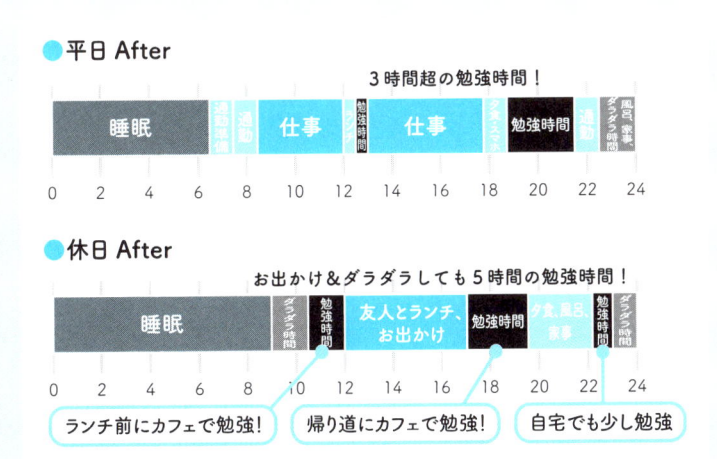

本章では、このように勉強がうまくいき、ひいては人生がう
まくいく、目標達成の5つのSTEPを紹介します。

- **STEP1**　4つのムダな時間を勉強時間に転化する
- **STEP2**　「目標達成チャート」をもとに教材を用意する
- **STEP3**　目標達成までの長期計画を立てる
- **STEP4**　1日ごとに計画→実行→記録する
- **STEP5**　長期計画を振り返る

STEP 1

4つのムダな時間を
勉強時間に転化する

　まずやっておきたいことがあります。それは、1日の中の「ムダな時間」をなくし、さらに「勉強時間」に転化することです。

　そもそも、「勉強時間」にできる時間は限られています。先ほど挙げた一般的なビジネスパーソンの平日のタイムスケジュールを見ると、**勉強に使えるまとまった時間はだいたい決まってくる**ことがわかります。睡眠時間、朝の準備時間、仕事の時間をなくすのはなかなか難しいことを考えると、勉強に使える時間は、おもに「休日」と「平日の退社後の時間」（朝型の場合は「平日の出社前の時間」）と言えるでしょう。しかし、それらの時間も、自分が思っている以上に、くだらないことに使ってしまっているものです。

　そこで、次の4つの時間を「勉強時間」になりうる時間として認識してみましょう。それだけで、時間の使い方が変わってくるはずです。

① ダラダラ時間
② 残業時間
③ 家事の時間
④ 通勤時間

① ダラダラ時間

　私の場合、圧倒的ナンバーワンでムダに使っていたのは、「疲れた……」「勉強やらなくちゃ……」と思いながらもテレビやスマホ、お菓子、人とのおしゃべりなどに逃げている時間でした。それさえなくなれば、平日仕事が19時終わりとすると毎日最大2〜3時間、休日はほかに予定が入らなければ最大で1日丸々、勉強時間にできる計算になります。

　しかし、自分の意思で「サボりたい気持ち」を抑制するのはなかなか困難というもの。そこでおすすめなのが、**強制的に誘惑のない環境をつくる**ことです。私の場合、自宅で勉強するのは諦め、毎日会社帰りにカフェに寄り、勉強することにしました。これなら、テレビやお菓子に負けることもないですし、無駄話をして時間を潰してしまうこともありません。休日も、予定のないときはカフェや図書館に行くようにすることで、何もせずに終わっていた時間を勉強時間に変えていけました。カフェでの勉強法については、第4章でくわしく解説します。

② 残業時間

　あたりまえですが、残業を減らすと、時間の絶対量が増やせます。単純計算ですが、夜19時まで働いている人が、17時半に定時帰りすると、毎日1時間半の勉強時間が生まれる計算になります。また、昼休みのランチ後にすぐに仕事に戻らず、カフェなどで勉強すると、毎日30分ほどの時間が生まれます。

　早く帰ると仕事のパフォーマンスが下がるように思うかもしれませんが、むしろその逆。**生まれた時間に新しい知識やスキ**

ルを身につけることで、長期的に見ると会社への貢献度は上がっていきます。

　いま会社で抱えている業務を見直してみましょう。効率化できる業務を見つけ、効率化しましょう。私の場合、会社を早めに退社し、VBA（Microsoft Excelのプログラミングスキル）を身につけることで、自分が大量に抱えていたExcelの定型業務を効率化し、業務時間を圧倒的に減らすことができました。そして、その時間をまた新しい勉強にあてることでさらにスキルアップし、会社でのパフォーマンスを高められました。

「絶対残業しない」と決めると、仕事の段取りも変わってきます。早く退社するために、

「この仕事は急ぎだから早めに片づけよう」
「この仕事は凝ってしまいがちだけど、みんな気にしていないから、あまり時間を使いすぎないようにしよう」

などと思うようになります。これまで以上に業務の優先順位を意識したり、集中して仕事に取り組んだりできるようになり、時間あたりで処理できる業務量が増えてきます。仕事の時間が減れば、遊ぶ時間も増やせてストレス発散やメリハリもでき、仕事や勉強の効率が上がることもあります。

③　家事の時間

　毎日の家事は、面倒なうえ、けっこう時間がかかっているもの。あっという間に1時間、2時間……と時間が奪われていってしまっているのではないでしょうか？
　そこで役立つのが「時短家電」や「食材通販」です。一般の

ビジネスパーソンの家事時間の平均から、ざっと概算すると……

—— ロボット掃除機
→1日15分削減！（掃除機をかけなくてよくなる）

—— 食洗機
→1日20分削減！（お皿を食洗器にセットするだけでOKに）

—— 乾燥機つき洗濯機
→1日15分削減！（洗濯物を干す・取り込む時間を節約）

—— 自動調理鍋（ホットクックなど）
→1日40分削減！（食材を切るだけでできあがり）

—— 食材通販（Oisix、大地を守る会、AEON、生協など）
→1日40分削減！（スーパーの行き帰りにかかる時間や「ついで買い」の時間をなくせる）

なんと**最大1日で計2時間超の家事時間が削減される**計算です。

　私が特にお世話になっている時短家電は、シャープの自動調理鍋「ヘルシオ ホットクック」です。食材と調味料を内鍋に入れ、ボタンを押すだけで、全自動で料理をつくれるので、料理が「切るだけ」になり、本当に便利です。「かき混ぜる」作業のほか、ポタージュやポテトサラダをつくるときの「潰す」作業もしてくれるので、さまざまな料理を超時短できます。私

の場合、カレーやポトフなど、つくりやすい料理をいくつかチェックし、日にちごとに回すようにしています。

秋冬は、Oisix の「鍋キット」（スープとカット野菜が送られてきて、「鍋に入れて火にかけるだけ」で調理できる）をホットクックで調理することで時短しています。食材を洗うだけで、切る手間さえなくなり、**毎日1時間以上かかっていた料理時間が10分以下になりました**。「家事やらなきゃ……」がストレスで何もできず、「家事をやったら、ほかの自分のやりたいことはできなくなる……」というのがよくあるパターンでしたが、それもなくすことができました。

④ 通勤時間

行き帰りの通勤は、貴重な時間を奪うのみならず、疲れやストレスの原因にもなってしまいます。リモートワークができる場合は、積極的に取り入れることで、通勤時間を削減するのがおすすめです。私の場合、週に1回リモートワークをしています。

また、通勤時間は、工夫をすれば、勉強の場に変えることもできます。くわしくは、第4章で解説します。

生み出した時間をすべて勉強時間にするのは難しいかもしれません。しかし、ほんの少しの時間のゆとりができることで、1日30分、1時間……と「勉強してみようかな」と思える時間は確実に増えるはず。仮に平日1時間、休日3〜4時間として、1週間で計算すると、**半日ぶっ通しで勉強したのと同じくらいの勉強時間になります**。

もちろん、うまくいかない日もあります。

「急な残業が入ってしまった」
「予定外のハプニングが起きた」
「イヤなことがあって何も考えられない」
「風邪を引いてしまった」

　それでも、あらかじめ時間を確保しておけば、後から、その分を取り返しやすくなりますし、ゆとりができることで少し冷静になれて、小さなハプニングで**「自分はダメだ……」と心が折れて挫折することもなくなる**はずです。何よりも、勉強の計画を立てるときに、見通しを立てやすくなります。

STEP 2

「目標達成チャート」を もとに教材を用意する

勉強の成功に欠かせないのが、教材選びです。

「どれを選んだらいいかわからない……」
「教材が合わなくて、挫折してしまった……」

そうならないためには、どうしたらいいでしょうか？
私は、図の「目標達成チャート」のように選んでいます。

目標達成チャート

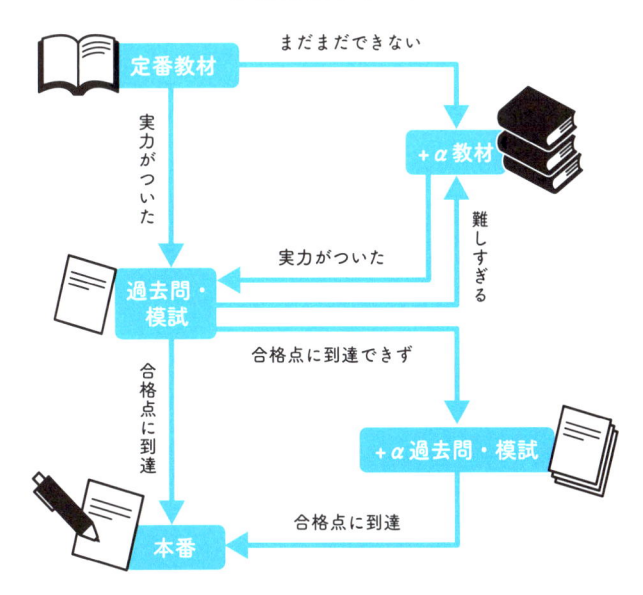

具体的なステップを見ていきましょう。

手順① 定番教材をチェックする

　まず、その分野で「定番」とされている教材をチェックしましょう。参考書や問題集でいうと、公式本や、書店で平積みになっているロングセラー／ベストセラー書です。簿記ならTAC出版の「スッキリわかる」シリーズ、秘書検定なら早稲田教育出版のシリーズなどです。書店で平積みになっているものや、インターネットで「定番」として評価の高いものをチェックしてみてください。

　特定の資格試験などを受験しない場合も、

「この専門分野について知りたいならこの本」
「洋画や海外ドラマを英語で見られるようになりたいなら、まずはこの映画やドラマ」

など、必ずと言っていいほど「定番」は存在しています。「定番」と呼ばれる教材は、多くの人に支持されてきたからこそ「定番」なので、**内容的に信頼でき、質が高いものが大半です**。そのような存在をチェックしない手はないでしょう。

手順② 過去問・模試を入手する

　過去問や模試問題集は必ず入手しておきましょう。本番で、どのような順番で、どのような時間配分で解き進めるかは、過去問や模試問題集を解き進め、実際の試験に慣れることでしかわからない面があります。

また、過去問を解くと、問題集を解いているときには気づかなかった自分の弱点や課題がわかることもあります。第3章のSTEP4でくわしく解説しますが、**過去問や模試を解いたあとに、反省点や改善点を分析すると、かなりの得点アップが期待できます**。よく似た問題が本番でも出題されることも多々あります。

過去問選びのポイントは、必ず「最新」の過去問を、何年分か購入することです。昔のものだと問題の傾向が変わっている可能性があるため、最新のものをチェックしておきましょう。

模試問題集の選び方は、一般的に、本番試験よりも難易度が「低いもの」「同じくらいのもの」「高いもの」のそれぞれが出ていることが多いので、自分のレベルに応じて調整してみるといいでしょう。本番試験が難し過ぎると感じる場合は、難易度が低めのものからスタートし、十分に練習して実力がついてきたら難易度が同じくらいのものを選び、じっくり対策するのがおすすめです。難易度が高いものは、難易度が同じくらいのものをやり尽くして、なお時間が余ったときに挑戦するといいでしょう。

難易度については、模試問題集作成者の手腕や個性で上下している場合が多いです。「本番試験より易しい／難しい」と自ら謳っている模試問題集は少ないですが、インターネットの口コミで調べられることもあるので、参考にしてみましょう。

手順
③ **＋α教材を投入する**

①②を進める中で、次のような問題が発生すると思います。

● 定番教材が難しくて全然進まない

- 定番教材1冊では対策が足りないと感じる
- 定番教材を終えたけど、過去問がほとんど解けない

　そんなときは、＋αで別の教材を追加投入しましょう。＋αとなる教材を「適切に」「できるだけ多く」追加投入することが実力アップの鍵です。

　「量をこなす」ことの大切さは意外と軽視されがちですが、**多くの問題に触れることで、さまざまな種類の問題に対応しやすくなりますし、単純接触効果で記憶にも残りやすくなります。**締切日や進行スピード、いまの自分の実力と相談しつつ、可能な限り、多くの量をこなすことをおすすめします。

　「＋α教材」は、次のように選ぶといいでしょう。

── 難しくて歯が立たない　→　難易度を下げる

【例】「TOEIC900点対策の問題集」に取り組む前に、「TOEIC600点対策の問題集」から取り組む

── それでもまだ難しい　→　学習アプローチを変えてみる

【例】「参考書・問題集」が難しいと感じる場合、「学習アプリ」や「一般書」、「講義動画」などを試す

※アプローチの詳細については、後述のコラムを参照してください。

── 理解できるが解けない　→　追加の問題集で演習

【例】「別の問題集」を追加で購入し、量をこなす

—— 特定の苦手分野がある
　→　苦手分野の補強問題集で演習

【例】パート1からパート7まで7問の大問があるTOEICテストの中で、特に苦手なパートに特化した問題集を追加購入する

④　＋α 過去問・模試を投入する

　②の過去問や模試を解いて、「まったく歯が立たなかった」ときや、「特定の苦手分野が見つかった」ときは、参考書・問題集など「＋α教材」（③）で対処するのがいいです。しかし、次のような場合は、昔の過去問やほかの模試問題集を「＋α過去問・模試」として追加投入し、実践演習を積んでいきましょう。

- 「時間」が足りない（時間があれば解けるが、時間配分の問題で制限時間内に解ききれない）
- 「慣れ」が足りない（練習が不足し、解き慣れない）

○　教材は必ず「実物」を見て、相性をチェックする

　①〜④のすべてにおいて、教材選びのときに大切なのは、必ず「実物」を見て相性をチェックすることです。**ほかの人にとって良いものが、自分にとっても良いとは限りません**。たとえば、本や問題集なら、書店や図書館で必ず実物を手に取るようにしましょう。スクールや予備校なら、必ず体験レッスンを受講し、ほかと比較することが大切です。判断のポイントは2つです。

—— 自分が欲しい情報や内容が十分に含まれているか?

　たとえば、次のような場合は、「合わない」と言えるでしょう。

- 問題数が多く、たくさんの問題演習ができるものが良いと思っていたが、検討していた教材の実物を見たら、解説ページが長くて問題数が少なかった
- 英会話スクールはたくさん英語を話して練習できるものが良いと思っているが、検討していた英会話スクールではCDを聞く時間や文法を説明する時間が長過ぎた
　など

—— 見た目や雰囲気が気持ちよく感じられるか?

　モチベーションが上がりやすい教材を選びましょう。次のように感じられたら、違うものにしたほうがいいでしょう。

- 参考書の紙質や文字フォント・サイズが気に入らない
- スクール講師との相性が悪そうだ
　など

学習アプローチの選び方

「＋α教材」の選び方として「アプローチを変えてみる」を挙げましたが、学習アプローチにはどのようなものがあるでしょうか？　主要なものを整理してみます。

── ① 本（参考書／問題集）

　本（参考書／問題集）のメリットは、何といっても目標達成までに学習しておきたい範囲が網羅的に押さえられており、学習効率が高いところです。また、種類豊富に展開されていることが多く、自分の求める目的やレベルに応じて自分に合ったものを選びやすいです。

　特定の試験や資格を目指さない場合も、体系的に知識を身につけたいのなら、参考書や問題集は大いに役立ちます。私も、仕事のスキルや教養などを手っ取り早く身につけたいときに、その分野の試験対策本を便利に活用しています。

　一方、ほかの学習手段に比べると、面白みに欠ける一面もあります。オールカラーで読みやすいものもありますが、「楽しく勉強できる」とは言い難いものが多いです。

── ② 本（一般書）

　本（参考書／問題集）と同様もしくはそれ以上に、種類豊富に展開されており、目的やレベルに合ったものが選びやすいとこ

ろが魅力です。また、参考書／問題集と比べ、ライトで読みやすいものや、読み物として楽しく読めるものが数多く出ているので、

「いきなりガッツリ勉強するのは抵抗がある」
「資格を取るところまでがんばろうとは思わないけれど、必要最低限の知識を身につけたい」

という場合にも最適です。
　デメリットとしては、本（参考書／問題集）と比べると、深く学びたい場合は不十分に感じてしまうことがあります。

── ③ 本（専門書）／論文

　特定の分野を深く掘り下げて学びたい場合や、最先端の知識を手に入れたい場合は、専門書や論文を手に取ってみましょう。自分の仕事にかかわる分野について、一般書を読んで勉強したり、資格の勉強をしたりする人はいるかもしれませんが、専門書や論文にまで手をつける人はほとんどいないので、周囲と差をつけられます。
　論文は、Google Scholarや、国立国会図書館のNDL ONLINE、CiNiiなど、インターネット上のサイトで検索でき、かつてよりも入手しやすくなっています。

── ④ スクール／予備校

　独学では難しい内容や、面接試験対策や英会話など相手がいないと練習しづらいものについては、スクール／予備校の活用をおすすめします。何といっても、専門の講師がわかりやすく

教えてくれたり、質問したときに答えてくれたりするので、勉強のしやすさは抜群です。講座の種類も、目的やレベルに応じて豊富であることが多く、自分に合った講師やカリキュラムを見つけられれば効果的に学習できます。

デメリットとしては、高額な費用がかかる点や、時間や場所が決められてしまうところがあります。ただし、好きな時間にオンライン視聴できるサービスも多いので、活用してみるといいでしょう。スクールまでの距離が遠く、直接会うことのできない人気講師のクラスも、オンラインなら受講できることが多いです。

⑤ 動画／テレビ番組

楽しみながら気軽に学べるところが魅力です。特に語学では動画／テレビ番組が非常に役に立ちます（第5章でくわしく紹介します）。テレビなら録画をとっておき、動画配信サービスならお気に入り登録をして、見たいときにまとめて見られるようにしておくと習慣化しやすいでしょう。

ただし、本やスクール／予備校と比べると、目標達成に求められる範囲をひととおり網羅したものはなかなかないので、別のアプローチと組み合わせて学習するのが望ましい場合が多いです。選択肢が非常に豊富な代わりに、自分の求める目的やレベルに合うものや、質の担保されたものを選ぶまでに、手間や時間がかかってしまう一面があります。

⑥ 学習アプリ

ゲーム感覚で気軽に楽しみながら学べます。単語や1問1答など、スマホさえあれば、いつでもどこでも手軽にトレーニン

グできるのもメリットです。私自身、簿記を学び始めたばかりのころ、簿記の仕訳クイズのアプリを試したことで、それまでなじみのなかった簿記の考え方に楽しみながら慣れることができ、短期間で簿記2級を取得できました。

プログラミング学習のスマホアプリ「Progate(プロゲート)」なども人気です。数字やプログラミングなどは、文系の私からすると「手をつけること自体に心の準備が必要」と感じてしまうところのある分野ですが、ゲームなら苦にならずに気軽に挑戦できました。

アプリだけで全範囲を網羅し、高みに到達するのは難しいですが、ほかのアプローチと組み合わせることで、効率的に学習できます。

⑦ Webサイト

メリットは、何といっても、検索ツールにより、自分の知りたい情報が一発で入手できるところです。情報の質が低かったり、嘘の情報が混じっていたりすることもありますが、やはり欠かせないツールです。

資格などの試験勉強をする場合は、主教材として最適なのは、「本（参考書／問題集）」や「スクール／予備校」です。試験合格に求められる範囲がひととおり押さえられていることが多いからです。

私の場合、費用が比較的かからない「本（参考書／問題集）」で独学することが多いですが、どうしても1人では難しい目標に対しては「スクール／予備校」を利用することもあります。

一方、本やスクールだけでは面白味に欠け、モチベーション

を維持するのが大変な場合は、副教材として「動画／テレビ番組」や「本（一般書）」、「学習アプリ」などを活用することをおすすめします。

　たとえば、私がTOEIC試験を受験したときは、次のように主教材と副教材を用意しました。

- 主教材として「本（参考書／問題集）」を使う
- 副教材として「動画／テレビ番組（NHKの語学番組や海外ドラマ）」や「本（一般書）（英字新聞や洋書）」を使う

　TOEIC問題集で試験対策をしつつ、「動画／テレビ番組」などで楽しく実力をつけていきました。

　もう一歩進んで知識を深掘りしたいときは、「本（専門書）／論文」を活用してみましょう。

「Webサイト」は、検索機能により、自分の知りたい情報を探せるのが魅力なので、不明点を調べるための補助教材として役立てるのがいいでしょう。

　あなたが立てた目標を達成するために、どのようなアプローチをとるのがいいのかを考えてみましょう。自分の目的やレベルに応じ、いくつかのアプローチを適宜組み合わせることも検討しましょう。

目標達成までの長期計画を立てる

○ 「ToDoノート」で目標達成までの計画を立てる

　手帳、カレンダーアプリ、ガントチャート、バレットジャーナル、マインドマップ……目標達成までの計画を立てるツールは数多くあります。その中でも、最もおすすめなのが、「ToDoノート」です。「ToDoノート」は、写真のように、タスク管理を目的として、タスク欄とチェック欄が箇条書き形式で設けられているノートです。

ToDoノート

　多くの人が目にしたことのあるシンプルなノートですが、次のように多くのメリットがあります。

—— 目標達成に必要なタスクを可視化できる

タスクは頭の中にあるだけではそのうち忘れてしまい、実行できずに終わってしまいます。ToDo ノートに書き連ねることで、抜け漏れややり忘れがなくなり、現実に行動を起こせるようになります。

—— タスクの優先順位がつけられる

タスクを整理して書き出すことで、急ぎでやるべきタスク、急ぎではないが必ずやるべきタスク、時間があったらやりたいが後回しにしてもいいタスク、やる必要のないタスクなどの判別もしやすくなります。これにより、期限がある中でタスクを取捨選択して、計画的・効率的に処理できるようになります。

—— すべてのタスクとその進捗状況をひと目で
把握できる

ToDo ノートなら、タスクを「1 ページ」に一覧化して、タスクと進捗を「同時に」管理できます。ノートを開けば、すべてのタスクとその進捗がひと目で頭に入ってくるので煩雑にならず、スムーズなタスク処理が可能です。

ToDo ノートの使い方を工夫すると、タスク処理が非常にスムーズで効率的なものになります。くわしくは、STEP3〜5 で解説します。

ToDo リストは、大学ノートや手帳にチェックボックスを手書きで書き入れてつくることもできますが、**専用の ToDo ノートを使うのがおすすめ**です。手書きでいちいちチェックボックスを書くのは意外と面倒ですし、チェックボックスが手書きで大きさがバラバラでは美しさに欠け、テンションが上がりづら

いからです。私もこれまで両方試しましたが、専用のToDoノートでないと習慣化できず、続きませんでした。

　また、デイリーのToDoを管理するときなどに、ウィークリー手帳にチェックボックスを書いて「ミニToDoリスト」をつくる人をよく見かけますが、記入欄が狭過ぎるのが難点です。記入欄が広く、書きたいことをすべて書き切れる専用のToDoノートのほうが断然使い勝手が良いです。

ToDoノートでない方法だとこんな問題が

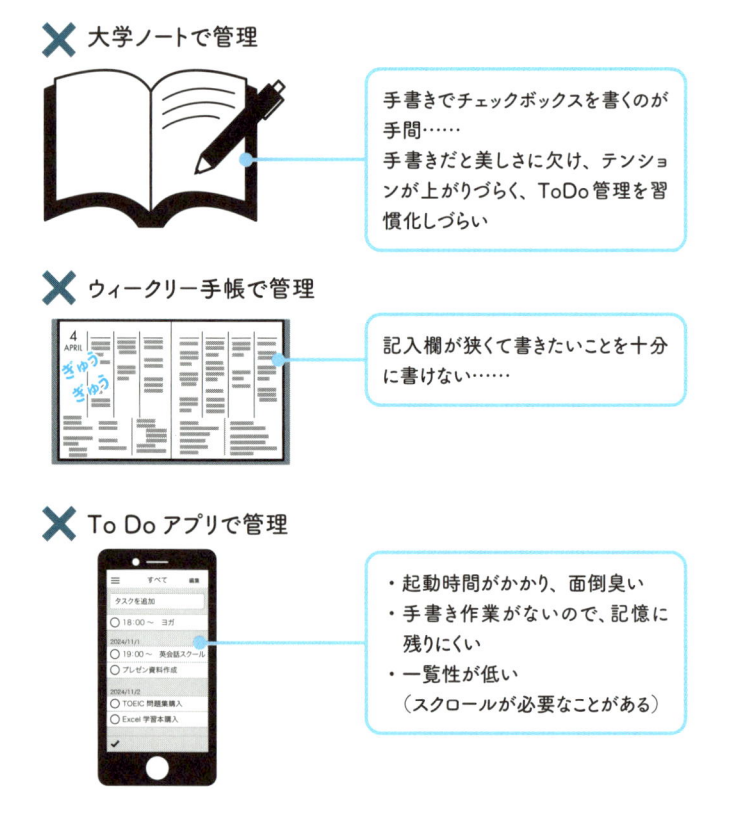

✖ 大学ノートで管理

手書きでチェックボックスを書くのが手間……
手書きだと美しさに欠け、テンションが上がりづらく、ToDo管理を習慣化しづらい

✖ ウィークリー手帳で管理

記入欄が狭くて書きたいことを十分に書けない……

✖ To Do アプリで管理

・起動時間がかかり、面倒臭い
・手書き作業がないので、記憶に残りにくい
・一覧性が低い
　（スクロールが必要なことがある）

○ あえて紙のToDoノートを使う理由

　アプリではなく、紙のToDoノートをおすすめするのには理由があります。

── 起動時間がかからない

　アプリをその都度開くのは、ストレスです。紙のノートは、立ち上げに時間をかけることなく、すぐに開けます。

──「自分の手」を使って書くことで記憶に残りやすい

　アプリで打ち込むよりも、「達成しよう」という気持ちが込められ、モチベーションアップ効果があります。

── 目標の一覧性が高い

　スマホでは画面サイズが小さく、途中で切れてしまう場合はスクロールする必要が生じるなど、一覧性が下がってしまいます。紙だと、やるべきことをひと目で把握できます。

── 努力の軌跡を確認しやすい

　後からパラパラとページをめくって読み返しやすく、これまでの努力の軌跡を確認しやすいのも良いところ。モチベーションアップに最適です。

　紙のToDoノートは、世界のエリートたちも愛用しているほど効果の高いものです。たとえば、Facebook(現・Meta) の元COOであるシェリル・サンドバーグさんがToDoノートを持ち歩いているのは有名な話です。彼女は、「ノートとペンを持ち

歩くこと」が「黒板とチョークを持ち歩くこと」と等しいかのように扱われるシリコンバレーのトップに立っても「紙のToDoノート」を持ち歩き、毎日のやりたいことを書き留めていると公言しています。紙のToDoノートでタスクをこなす達成感を味わっている好例と言えるでしょう。

おすすめのToDoノート

ToDo ノートとしておすすめなのは、マルマンの「ニーモシネ 行動予定表 A6」です。

ニーモシネ 行動予定表 A6

おすすめの理由は以下のとおりです。

- 日付欄、タイトル欄、ToDo 欄、チェック欄が用意されており、手書きしなくていい
- 紙の品質が高く、書き心地が良いので、書くことが楽しくなる

- スペースに広々とした余裕があり、書きたいことを躊躇せずにすべて書き切れる
- チェック欄が3列あり、いろいろと工夫できる
- ツインワイヤ製本＆ミシン目加工で、うまく書けなかったときもきれいに切り取って捨てられる

○ ToDo計画を記入する3つのステップ

　ノートが用意できたら、次のようにしてタスクや期日を書き出してみましょう。

① タイトル・日付欄に試験名、試験日、準備期間を記入する
② ToDo欄にSTEP2で選んだ教材の一覧を記入する
  ※ルーティンでやりたいことは、チェック欄に「ル」と記入
③ 目標の期日から、教材をやり終える期日を決め、記入する

タスクや期日を書き出す

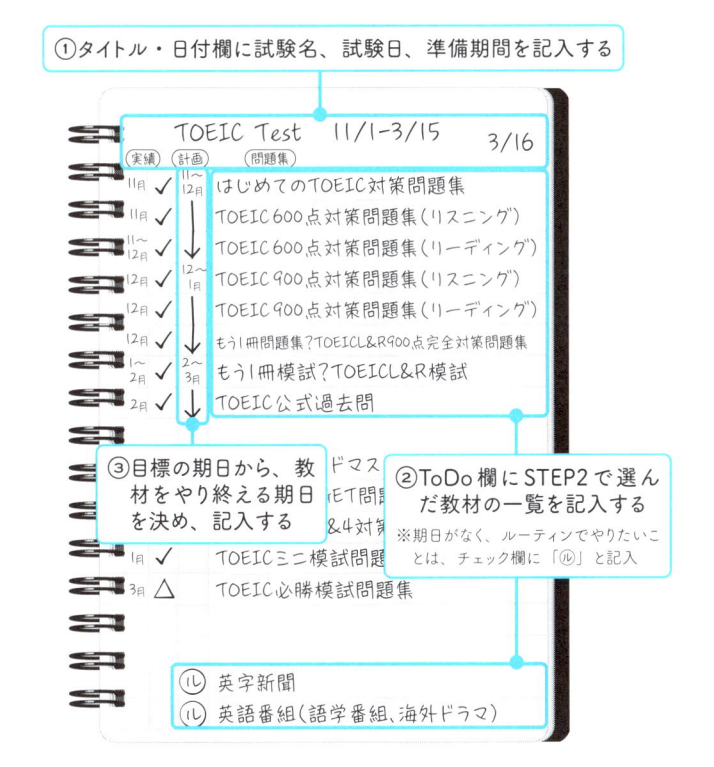

①タイトル・日付欄に試験名、試験日、準備期間を記入する

TOEIC Test　11/1-3/15　　3/16

(実績)	(計画)	(問題集)
11月 ✓	11～12月	はじめてのTOEIC対策問題集
11月 ✓		TOEIC 600点対策問題集 (リスニング)
11～12月 ✓		TOEIC 600点対策問題集 (リーディング)
12月 ✓	12～1月	TOEIC 900点対策問題集 (リスニング)
12月 ✓		TOEIC 900点対策問題集 (リーディング)
12月 ✓		もう1冊問題集?TOEICL&R900点完全対策問題集
1～2月 ✓	2～3月	もう1冊模試?TOEICL&R模試
2月 ✓		TOEIC公式過去問

③目標の期日から、教材をやり終える期日を決め、記入する

②ToDo欄にSTEP2で選んだ教材の一覧を記入する
※期日がなく、ルーティンでやりたいことは、チェック欄に「ル」と記入

| 1月 ✓ | TOEICミニ模試問題集 |
| 3月 △ | TOEIC必勝模試問題集 |

| ル | 英字新聞 |
| ル | 英語番組 (語学番組、海外ドラマ) |

写真の例で説明しましょう。

── 手順① タイトル・日付欄に試験名、試験日、準備期間を記入する

計画を立てるうえで最も大切なのが「逆算思考」です。**がむしゃらにタスクに手をつけてしまうと、どうしてもムダや回り道が増えてしまいます**。求める結果に最速でたどり着くには、「逆算思考」でToDoノートにタスクと期日を記入し、ムダのない効率的な計画を立てることが大切です。

そのような計画を立てるために、まず、タイトル欄と日付欄に、第1章で設定した「目標」と「その目標を達成したい期日」を書き出しましょう。また、準備期間がどのくらいあるのかも記入しておきましょう。

ここでは、「次の3月までにTOEIC900点を取得する」という目標から、次のことを記入しています。

- TOEICの試験日の「3月16日」
- 準備期間の「11月1日〜3月15日」（勉強をスタートした日〜試験日前日）

── 手順② ToDo欄にSTEP2で選んだ教材の一覧を記入する

上部のタスク欄に、STEP2で選んだ「定番教材」と「過去問・模試」のタイトルを書き出します。ここでは、次のものを記入しています（書名は架空のものです）。

【定番教材】
- はじめてのTOEIC対策問題集

- TOEIC600点対策問題集（リスニング）
- TOEIC600点対策問題集（リーディング）
- TOEIC900点対策問題集（リスニング）
- TOEIC900点対策問題集（リーディング）

【過去問・模試】
- TOEIC公式過去問

　また、計画の時点で、「この6冊だけでは、900点には届かないかもしれない」と思ったため、「定番教材」と「過去問」の間に「＋α教材」を投入する計画を立てています。

　どの「＋α教材」をやるかは、この時点ではまだ何とも言えないので、「もう1冊問題集？」「もう1冊模試？」と書いています。

　『TOEIC L＆R 900点完全対策問題集』『TOEIC L＆R 模試』の教材タイトルは、定番教材を進めつつ、自分の弱点や課題を見つけてから、その課題を克服するための「＋α教材」を後から見つけて書き込むことになります。

── 手順③ 目標の期日から、教材をやり終える期日を決め、記入する

　どのくらいのスピード感でこなせるかは、実際に取りかかってみないとわからないことも多いですが、「**過去問に集中する期間を最初に設定し、残りをタスクの個数で均等割りする**」ようにすると、現実的な計画が立てやすいでしょう。私の場合、少なくとも1〜2ヶ月以上を、過去問に集中する期間として、計画に組み込むようにしています。

　この例では、「TOEIC900点以上」を目標として、過去問に1

〜2ヶ月はかけたいので、「2〜3月」にTOEICの過去問と模試を演習する期間を設定。残りの3ヶ月を、難易度を少しずつ上げながらTOEIC問題集にあて、1ヶ月に2冊やり、6冊こなす計画を立てています。

　最後に、最初に計画した「定番教材」や「過去問」以外にも、実際に進めていく中で、さらに「＋α教材」や「＋α過去問・模試」を追加投入する場合は、1行空けて下に書き足していきましょう。例では、5冊を追加投入しています。

　ここで悩ましいのが、あまりになじみのない分野の勉強をする場合、教材をやり終える期日を決めるのが難しいということです。
　そんなときは、次の写真のように、「4〜5月」「4〜7月」「時間があればやる」など、**大まかな期間を記入するだけでもOK**です。

あたりをつけるのが難しければ大まかでOK

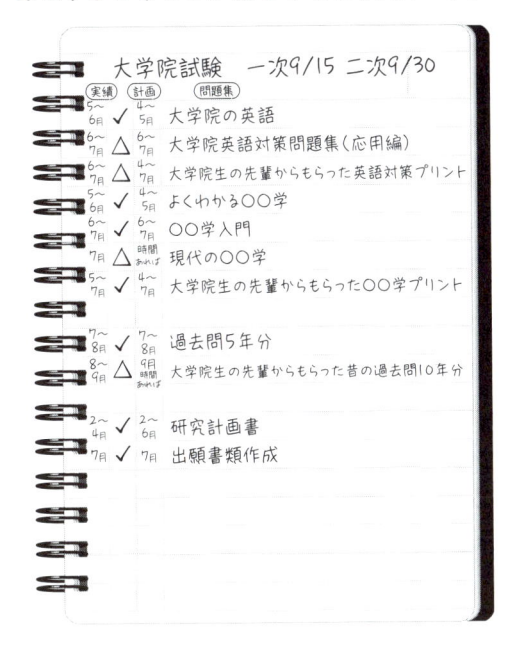

　わからないのに無理に立てた計画は、現実的にうまくいきにくいもの。そこで、まずは大まかに計画を立て、実際に進めていきながら、**見通しが立ってきたところで、期日を調整する**のがおすすめです（やりながら計画を立て直していく方法については、STEP5で解説します）。

　このように書くことで、目標からタスクと期日を「逆算」することになるため、やるべきことが明確になり、効率的に目標達成に近づけます。

1日ごとに計画→
実行→記録する

○ 「積み上げ思考」で1日1日を大切にする

「完璧な計画を立てたのにうまくいかなかった。何ひとつ実行できなかった」

　最も多い失敗パターンの1つなのではないでしょうか?
　STEP3で「逆算思考」で作成した計画が逆に足を引っ張ってしまうことがあります。計画どおりにできない自分がイヤになって挫折してしまったり、ストレスやプレッシャーでやる気をなくして、肝心の行動が起こせなかったり……。
　そこで大切なのが、**「積み上げ思考」により、目の前のタスクを「楽しみながら」1つ1つ着実に達成していく**ことです。「いま、達成できたこと」「今日、達成できたこと」に集中でき、達成感や充実感を日々感じられるようになると、自信をもって前に進めるようになり、挫折しにくくなります。
　世界的成功者でさえも、「積み上げ思考」で1日1日を大切にすることを重視しています。

「一日生きることは、一歩進むことでありたい」

　いきなり大きな目標を達成するのは難しくても、一日に一歩

でいいから前進していく。その積み重ねが大きな成果につなが
るという、日本人初のノーベル物理学賞受賞者・湯川秀樹さん
の名言です。

「毎日少し賢くなって寝る」

　世界一の投資家として知られるウォーレン・バフェットが長
年大事にしている、シンプルな習慣です。

◯ ポイントは「スモール・ステップ」

　では、目の前のタスクを「楽しみながら」1つ1つ着実に達成
していくにはどうすればいいでしょうか？
　STEP3で立てたような長期計画では、1つ1つのタスクの難
易度が高く、達成するまでにそれなりの時間がかかります。大
きな仕事を前にすると、人は圧倒され、挫折しやすくなるもの
です。
　そこで大切なのが、アメリカの心理学者バラス・スキナーが
提唱した「スモール・ステップ」の計画の立て方です。スモー
ル・ステップは、**目標を細分化し、1つ1つのステップを確実
に達成する**ことで、最終的に目標を達成するメソッドです。1
つ1つの小さな目標の達成が成功体験となり、「積み上げ思考」
で楽しみながら目標達成しやすくなります。
　STEP3で掲げたタスクを、次のようにして、1日で達成でき
る小さなタスク（スモール・ステップ）に落とし込み、ToDoノ
ートに書き込んで実行していきましょう。
　ToDoノートはSTEP3の長期計画で使ったものとは別にもう
1冊購入することをおすすめします。長期計画と1日のToDo

は照らし合わせてチェックできたほうが便利であるためです。

小さなタスクに落とし込み、ToDoノートに書き込む

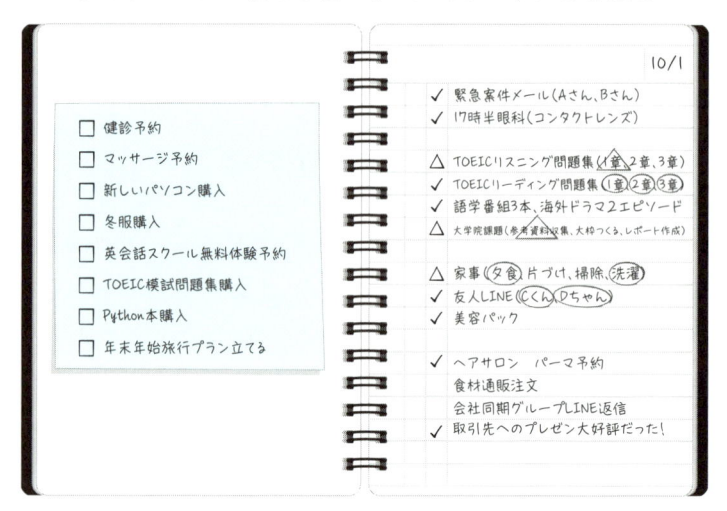

タスクを書き込むうえでのポイントは図のとおりです。

１日のタスクを書き込むときのポイント

優先順位をつけて記入する

↓

「重要かつ緊急のタスク」を一番上に記入

↓

１行空けて「勉強タスク」を記入

↓

１行空けて「重要でない用事タスク」を記入

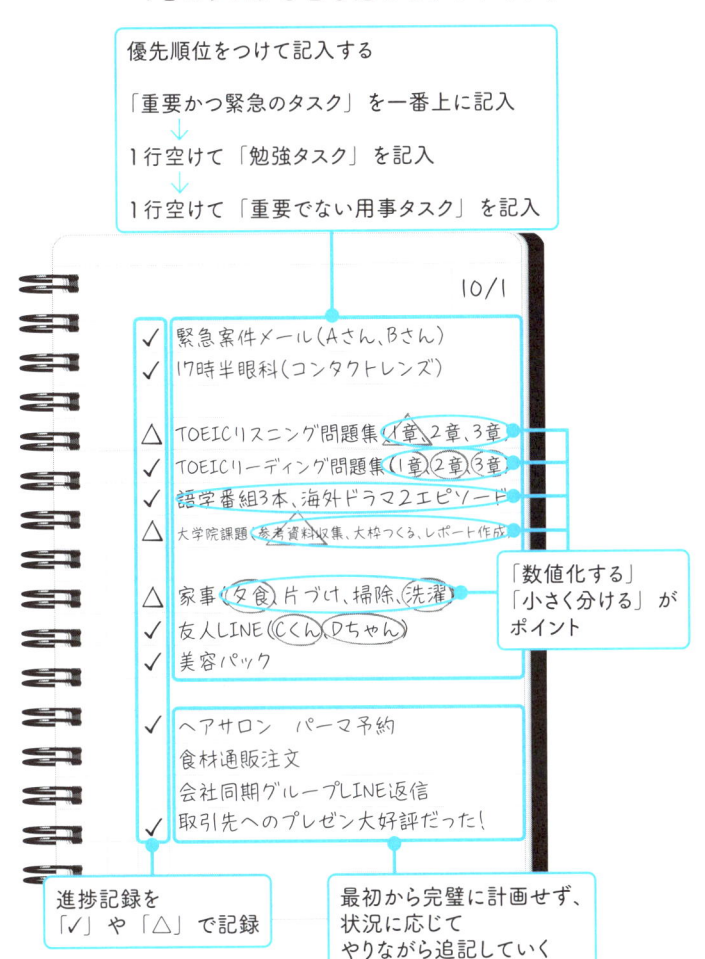

10/1

- ✓ 緊急案件メール（Aさん、Bさん）
- ✓ 17時半眼科（コンタクトレンズ）

- △ TOEICリスニング問題集（1章、2章、3章）
- ✓ TOEICリーディング問題集（1章、2章、3章）
- ✓ 語学番組3本、海外ドラマ2エピソード
- △ 大学院課題（参考資料収集、大枠つくる、レポート作成）

- △ 家事（夕食、片づけ、掃除、洗濯）
- ✓ 友人LINE（Cくん、Dちゃん）
- ✓ 美容パック

- ✓ ヘアサロン　パーマ予約
-   食材通販注文
-   会社同期グループLINE返信
- ✓ 取引先へのプレゼン大好評だった！

「数値化する」
「小さく分ける」が
ポイント

進捗記録を
「✓」や「△」で記録

最初から完璧に計画せず、
状況に応じて
やりながら追記していく

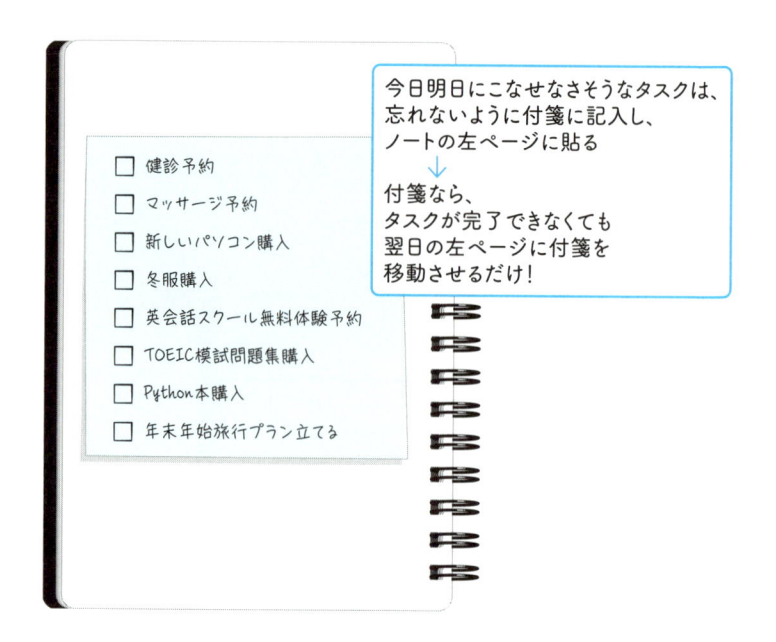

特に大事なのが次の2つです。

── ① 1行につき1つずつ、タスクを記入する

たとえば、「TOEIC900点以上を取得する」という目標に向けて、STEP3で「問題集Aを終わらせる」「毎日語学番組を見る」というタスクを設定している場合は、「問題集A」で1行、「語学番組」で1行を使います。

── ② 勉強以外のタスクも書き込む

勉強タスクに限らず、用事や家事、メールやLINEの返信など、その日のタスクをすべて書き込むのもポイント。これらのタスクも書き込むことで、勉強タスクとそれ以外のタスクとの間に優先順位をつけられ、勉強タスクが後回しにならないよう

に工夫できますし、ほかの用事に気を取られて勉強に集中できなくなるのを防げます。

　ここから、具体的な手順を1つずつ解説していきます。

手順 ① タスクを「今日中にやりたいタスク」「明日やるタスク」「それ以降になってもいいタスク」に分ける

手順 ②「今日中にやりたいタスク」を、優先順位をつけて書き出す

手順 ③「小さなタスク」に分解する

手順 ④「数字」で具体化する

手順 ⑤ 必要に応じて「追加タスク」をその都度記入する

手順 ⑥ 実行する

手順 ⑦ チェック欄に印をつけ、ToDo欄にその日の進捗を追記する

手順 ⑧ 翌日のタスクを（前日か当日朝に）記入する

手順① タスクを「今日中にやりたいタスク」「明日やるタスク」「それ以降になってもいいタスク」に分ける

　まずは、タスクを「今日中にやりたいタスク」「明日やるタスク」「それ以降になってもいいタスク」に分け、次のように記入します。

- 今日中にやりたいタスク　→　当日のページに記入する
- 明日やるタスク　→　次のページに記入する
- それ以降になってもいいタスク　→　付箋に記入する

「明後日以降になりそうなタスク」「時間ができたらいつかやりたいタスク」は、付箋に記入した後、備忘録としてノートの左ページに貼り付けておきます。時間があるときやできそうなときに思い出して実行できるようにしましょう。付箋だと、実行できない日が続いても、次の日のページの左側に貼り直して移動できるので、とても便利です。

手順② 「今日中にやりたいタスク」を、優先順位をつけて書き出す

　次に、「今日中にやりたいタスク」について、優先順位をつけて書き出していきましょう。

　このときに役立つフレームワークに「アイゼンハワー・マトリクス」があります。「アイゼンハワー・マトリクス」は、タスクを重要度と緊急度に応じて4つのカテゴリーに分けることで、優先順位を明確にするタスク管理の手法です。第34代アメリカ大統領のアイゼンハワーが実践していたタスク管理の手法を、『7つの習慣』の著者であるスティーブン・R・コヴィー氏が体系化したものです。これにより、無駄な時間やエネルギーを消費せずに、効率良くタスクを処理できるようになります。

　この手法では、図のように、緊急度×重要度でタスクを4つの領域に分類します。緊急度とはそのタスクが今すぐやらなければならないものどうか、重要度とはそのタスクがあなたの長期的な目標に貢献するかどうかです。

アイゼンハワー・マトリクス

	緊急ではない	緊急
重要	重要だが緊急ではない	重要かつ緊急
重要ではない	重要でも緊急でもない	緊急だが重要ではない

—— 重要かつ緊急

　すぐに対処しなければならないタスク。最優先で実行します。

【例】重要で緊急性の高い提出物や振込、重要度の高いメール・LINE の返信、キャンセルできない予定や約束

—— 重要だが緊急ではない

　勉強のタスクが該当。「重要かつ緊急」のタスクが完了次第、最優先で実行します。

—— 緊急だが重要ではない

　家事や LINE の返信など、日常のさまざまな用事が該当。早く処理しなければならないものの、長期的に見るとそれほど重要とは言えないものです。
　勉強に気乗りしないときも、無関係の用事から始めて**とりあえず身体を動かしてみることでやる気が出てくること**があるので、気分が乗らないときに気持ちを一新するためにこれらをや

るのがおすすめです。

—— **重要でも緊急でもない**

やらなくてもいいタスク。スマホやテレビ、あてもなく続く
ネットサーフィン、諸々の雑用などです。できるだけ時間を割
かないようにするのが賢明です。

私の場合、上の行から次の順に記入します。

- 重要かつ緊急のタスク
  ↓
- 重要だが緊急ではないタスク（勉強タスク）
  ↓
- 緊急だが重要ではないタスク（用事タスク）

それぞれのカテゴリーの間には、1行空けます。なお、「重
要でも緊急でもないタスク」は記入しません。
これで、今日やるべきことが何か、どのタスクから手をつけ
るべきかが一目瞭然になり、頭がすっきりします。

手順③ 「小さなタスク」に分解する

「メールを1通返信する」「子どもをお風呂に入れる」などの
シンプルなタスクならいいのですが、タスクの分量が多い場合
や難易度が高い場合は、タスクをさらに小さなタスクに分解し
ましょう。目安としては、**2〜3時間以上かかりそうなタスク
は、小さなタスクに分解する**ことをおすすめします。
記入方法としては、ToDoの後ろに（）をつけ、細かくした

タスクを書き込むだけです。

タスクをさらに小さなタスクに分解する

●before

□ 問題集

●after

□ 問題集1章（1周読む、2周目読む、3周目読む、ノート作成）

□ 問題集2章（1周読む、2周目読む、3周目読む、ノート作成）

□ 問題集3章（1周読む、2周目読む、3周目読む、ノート作成）

　タスクのハードルが下がり、怖気づいてしまうことなく、1つ1つのタスクをスモール・ステップで着実にこなせるようになります。

手順④ 「数字」で具体化する

　どのくらいやりたいかを次のように「数字」で記入し、目標を明確化しましょう。

　問題集　第1章10p〜40p
　語学番組　2本

　ただし、「具体的な数字を書くとプレッシャーになり、逆にやる気がなくなってしまう」という場合は、心の中で何となく

何ページやるのかは決めておきつつも、具体的な数字はノートには書かず、**1日の終わりにその日にやった量を後から書き込む**のでOKです。次のように、数字のところを空白にしておきましょう。

問題集　　　p
語学番組　　本

このほうがゲーム感覚で「数字」を増やしたくなり、結果的に量をこなせることもあります。

手順⑤ 必要に応じて「追加タスク」をその都度記入する

最初から計画していたこと以外にも、「その日に後から入ってきたタスク」「後からふと思いついたタスク」「時間があるから追加でできそうなタスク」などがあれば、その都度追記していきましょう。やりながらタスクを増やすイメージです。

勉強なら、やりながら新たにやりたくなってきた勉強課題などを追記します。

手順⑥ 実行する

ToDoノートに書いたタスクを実行していきましょう。ポイントは、次のとおりです。

—— 気分が良くてやる気が出た日には

日によって「めちゃめちゃ気分が乗ってきた！」という日も

あれば、「まったくやる気が出ない」という日もあると思います。

気分が乗ってきたときには、チャンスを逃さず、**限界まで、集中して作業を進める**のがおすすめです。私の場合、「カフェが閉店する時間まで」を目安に、ぶっとおしでとにかくやり倒すようにしています。無理は禁物ですが、翌日はどんな気分になるかわからないので、「少しでも楽しくできるときに行動する！」をモットーに、気分が乗った時には積極的にタスクに取り組むことをおすすめします。

切り上げるタイミングも大切。**次の日に楽しく始められそうなところで、1日の作業を終えましょう。**

── どうしてもうまく進まない日には

「どうしても気分が乗らない……」「体がだるい……」という日は、無理せず帰宅するのも1つの選択肢です。運動やマッサージを試したり、長めの睡眠を取り、翌日に備えましょう。

ただし、可能であれば、次回のスタートがスムーズになるよう、**かんたんで気分が上がるタスクだけでも進めておく**といいでしょう。1日の成果に囚われず、最終的な達成量で判断しましょう。

想定よりもタスクが難しくてどうしても進まないときには、STEP2の目標達成チャートに立ち返り、計画を見直しましょう。

また、体調や学習計画に問題がなくても、「やる気が出ない」「集中できない」ことはたくさんあると思います。実行にあたっての効果的なテクニックについては、第3章の「やる気・集中力をアップする4つのテクニック」を参考にしてみてください。

チェック欄に印をつけ、ToDo欄に その日の進捗を追記する

── 達成状況を印で表す

タスクの進捗状況を明確化しましょう。チェック欄に、次のように記入します。

- 達成したら　→　✓
- 着手したが未達成　→　△
- 未着手　→　空欄のまま

そして、翌日の自分にタスクを引き継ぎましょう。

また、「✓」「△」を入れたものについて、成果を記録しておきましょう（「過去問で満点をとれた！」「語学番組を10本見られた！」など）。「いいこと日記」のような感覚で、気軽に楽しく書き込んでみてください。次の例のように、元々書いていたToDo（黒字部分）に、成果を書き足します。

ToDoに成果を書き足す

☑ TOEIC過去問　900点以上取れた！

☑ 18時〜英会話スクール　「外資系企業で働けるくらい上達した」と褒められた！

☑ 語学番組　3本、海外ドラマ　1エピソード、英字新聞　半分くらい

△ リスニング問題集1周目　（1章OK、2章半分くらい）

△ リーディング問題集1周目　50P/200P 4分の1できた！

成果は、「〇ページ」「〇章」「〇周目」「〇時間」のように、数字で書き足すのがおすすめです。**人は数字を見ると、数字を伸ばしたくて、ゲーム感覚で努力できるもの**だからです。

—— 小さなタスクをこなすごとに〇をつける

　手順③の方法で、タスクを「さらに小さなタスク」に分解して記入した場合は、括弧の中のToDoを1つこなすごとに〇をつけるのがおすすめです。1つ1つの工程で達成感が味わえて、タスクがサクサク進みますよ。

括弧の中のToDoを1つこなすごとに〇をつける

☐ 問題集1章（1周読む、2周目読む、3周目読む、ノート作成）

全部できたら、チェック欄にチェックをつける

☑ 問題集1章（1周読む、2周目読む、3周目読む、ノート作成）

　成功体験や達成したことを記録すると、勉強が楽しくなり、モチベーションが高まります。心理学の研究によると、自分自身を褒めることで、進歩を感じやすくなり、学習意欲が向上するといいます。

　重要なのは、**「できたこと」に焦点を当てる**ことです。目標達成だけを成功の基準にすると、全力を尽くしても「合格ライン」に過ぎず、少しでも手を抜くと「失敗」と感じてしまうかもしれません。しかし、昨日の自分と今日の自分を比較し、成長を評価する方法なら、毎日を前向きに捉えられ、勉強を楽しむことができます。たとえば、次のように考えましょう。

「1時間勉強したけど、全然進まなかった……」
　　　↓
「1時間勉強できた自分はなんて偉いんだ！」

「本を100ページ読みたかったのに、20ページしか読めなかった……」
　　　↓
「何もせずに寝ていてもよかったのに、20ページも本を読めたぞ！」

　そして、自分を褒めるためのツールとして「ToDoノート」を活用しましょう。ノートを読み返すたびに「こんなにがんばってきたんだ」と実感し、「ここまで来たら、諦めるわけにはいかない」という気持ちを強くすることができます。

── 他人のタスクを待つときは

「自分のタスクは完了したものの、他人のタスクを待っている」というときは、チェック欄左に「待」と記入し、催促する日付も入れておきましょう。

他人のタスクを待つ

4/10待 ☑ PTAグループLINE

4/15待 ☑ 問題集p.38　スクール講師に質問メール

　こうすれば、相手が返事を忘れてしまったときに、そのまま自分も案件を忘れてしまうことを防げます。

以上のようにして、その日の計画を書いた「ToDoリスト（今日のやることリスト）」を、その日の出来事を記録した「Doneリスト（今日のやったことリスト）」に変えましょう。翌日からのやり忘れが減り、日々のタスク管理がサクサクはかどりますよ。「Doneリスト」は、あなたの努力の証となるものです。それは、あなたがどれだけ一生懸命に日々を過ごしてきたかを示す記録であり、**あなたの成長と進歩を振り返るための秘密道具**です。「Doneリスト」を使うことで、毎日の小さな成功を祝い、楽しみながら目標達成に近づいていけます。

手順⑧ 翌日のタスクを（前日か当日朝に）記入する

　1日2〜3分でかまわないので、前日夜か当日朝に「ToDoノートタイム」を設けます。そして、以下のタスクを書き出してみましょう。

- 前日に完了できなかったタスク
- 毎日ルーティンでやっているタスク
- 付箋に書いたタスク（＝いつかやりたいタスク）のうち、今日できそうなもの
- STEP3の長期計画に書かれたタスク（【例】次にやりたいTOEIC問題集など）

　こうして、1日のToDoノートをつけると、次のような多くのメリットが得られ、タスクを効率的にこなせるのはもちろん、人生そのものが充実します。

- 1日の学習計画を緻密に立てられる

- 1日のタスクの優先順位がつけられる
- 予定外のタスクが入っても、1日のスケジュールを柔軟に調整でき、勉強時間を確保しやすくなる
- その日のタスクに集中できる
- 何をやるかを忘れなくなる
- 先延ばしが減り、すぐに取りかかれるようになる
- タスクを覚えることに頭を使わなくてよくなり、別のことに頭を使える
- チェックをつけるのが楽しく、ゲーム感覚が生まれて楽しくなる
- できたことを後から読み返して自信をつけられる

「いいこと日記」
「その日やってしまって後悔していること」を書く

　人生はたくさんの「予想外」に溢れています。1日を充実させ、素晴らしいものにしてくれるのは、あらかじめ計画していたToDoだけではなく、「予想外」の出来事だったりもします。

　そこで、計画していたこと以外にも、その日のうれしかったことや楽しかったこと、逆に失敗してしまったことなど、特筆すべきものがあれば、それらも日記感覚でToDoノートに記入してみましょう。毎日のちょっとした幸せに感謝でき、自信になりますし、失敗したときも、それを繰り返さない、引きずらない自分になれますよ。

──「いいこと日記」を記録する

「がんばってきたことで成果が出せた」
「上司や友人に褒められた」
「うれしいことや楽しいことがあった」

……そんなときは、ToDoノートに「いいこと日記」を書いてみましょう。

いいこと日記

☑ 企画書を上司から「面白いし、分析が細やかですごいね!」と褒められた

☑ 読書していたら、そこからふと新商品の企画案が3つも浮かんできた!

☑ Netflixで面白いドラマ(三体)を見つけられた! 英語学習に良さそう!

☑ 昔の友人Aに偶然会って渋谷のレストランで楽しい時間を過ごした!

「いいこと日記」を書くのは、自分に自信をつけるため。ハッピーなときはもちろん、ついていないときにも、つけてみてください。仕事も勉強もプライベートも、心の健康が第一。良いときも悪いときも、前向きに楽しくがんばり続ける自分でいられるようにするための工夫です。

──「その日やってしまって後悔していること」を書く

余裕があれば、逆に「その日やってしまって後悔していること」を書いてみましょう。自分の失敗パターンがわかり、PDCAサイクルを回せるようになりますよ。

その日やってしまって後悔していること

☑ 洋服のネット通販に2時間! 結局1着も購入しなかった

☑ 好きな芸能人のネット記事を延々と読んで1時間半!不毛だった

☑ 後輩の資料にミス発覚。修正作業で残業2時間増

☑ 英会話講師のA先生とは話が弾まず。グループレッスンで話しづらかった

☑ 問題集5P/400P 本が読みづらい&難し過ぎる

もし良い解決策が思い浮かんだら、すぐに翌日以降のToDoに書いてみましょう。

解決策が浮かんだら翌日以降のToDoに書く

- [ ] 洋服はリアル店舗で購入する
- [ ] ニュースアプリを消す
- [ ] 映画・ドラマのサブスクアプリを解約する
- [ ] 夜9時以降はスマホの電源をオフにする
- [ ] 仕事を18時までに切り上げる
- [ ] 後輩に仕事のマニュアルを作成する
- [ ] 販売部の〇〇さんとの仕事の催促は早めにしておく
- [ ] 英会話の講師をA先生からB先生に変更する
- [ ] 英会話スクールをグループレッスンからマンツーマンレッスンに変更する
- [ ] 新しい問題集(「だれでもわかる」シリーズ)を購入する

「今日は何もできずに終わった1日だったな……」
「失敗したな……」

そんな1日も「なんとなくモヤモヤして終わり」ではなく、それを言葉にすることで、少しでも前に進むきっかけにしていきましょう。

STEP
5

長期計画を振り返る

「難しくて進まない」
「やってみたけど計画した期日までには終わらなそう」

　そんな理由で、計画どおりに進められないことは多々あります。

「この方法をやってみたらいいかも！」
「この方法は止めたほうがいいな……」

　やっているうちに、やり方を見直す案が出てくることもあるでしょう。それらの案は、何も知らずに立てた最初の計画よりも、たいていの場合、正しいものです。

「期日よりも早くタスクがこなせたので、計画よりも多くのことがこなせそう」

　そんなときに、当初の計画に固執するようでは、逆に非効率的になりかねません。
　STEP3 で立てた計画は、状況に応じて柔軟に修正することが大切です。

手順 ① タスクが完了したら印をつけ、「実際にかかった期間」を記入する

手順 ② 「実際にかかった期間」をもとに、タスクの量、難易度、期日を調整する

計画を見直す

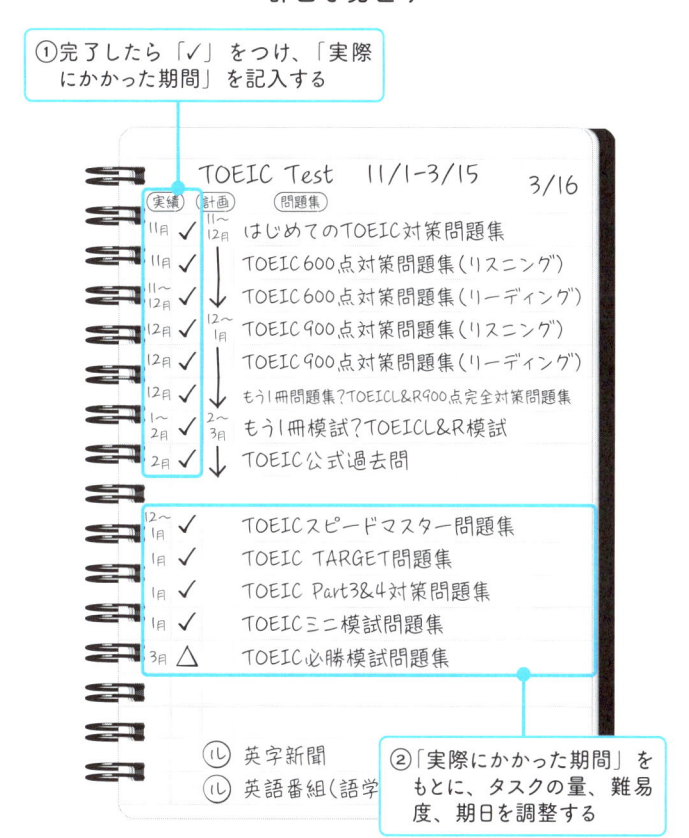

①完了したら「✓」をつけ、「実際にかかった期間」を記入する

TOEIC Test 11/1-3/15　　3/16

（実績）（計画）　（問題集）

実績	計画	問題集
11月 ✓	11〜12月	はじめてのTOEIC対策問題集
11月 ✓		TOEIC 600点対策問題集（リスニング）
11〜12月 ✓		TOEIC 600点対策問題集（リーディング）
12月 ✓	12〜1月	TOEIC 900点対策問題集（リスニング）
12月 ✓		TOEIC 900点対策問題集（リーディング）
12月 ✓		もう1冊問題集？TOEICL&R900点完全対策問題集
1〜2月 ✓	2〜3月	もう1冊模試？TOEICL&R模試
2月 ✓		TOEIC公式過去問
12〜1月 ✓		TOEICスピードマスター問題集
1月 ✓		TOEIC TARGET問題集
1月 ✓		TOEIC Part3&4対策問題集
1月 ✓		TOEICミニ模試問題集
3月 △		TOEIC必勝模試問題集

（し）英字新聞
（し）英語番組（語学

②「実際にかかった期間」をもとに、タスクの量、難易度、期日を調整する

手順① タスクが完了したら印をつけ、「実際にかかった期間」を記入する

　タスクが完了したら中央のチェック欄に「✓」を入れ、左側のチェック欄に「実際にかかった期間」を記入します。「計画」と「実績」の両方の視点を持つことで、自分の実力や進捗がはっきりわかります。

手順② 「実際にかかった期間」をもとに、タスクの量、難易度、期日を調整する

　手順①で記入した「実際にかかった期間」をもとに、タスクの分量や期日の計画を修正します。

　たとえば、上記の例では、タスクを計画よりも早くこなせて時間ができたことに加え、計画どおりにやっても目標（TOEIC 900点以上）に到達できなさそうであり、もっと多くの問題集や過去問をこなす必要があるとわかってきたことから、教材を追加投入しています。

　タスクの適正量、適正レベル、適切な締切日は、実際にやってみてはじめて見えてくることが多いものです。ToDoノートを眺めながら、その都度計画を修正していきましょう。

1ヶ月・1年の達成記録で「続けたくなる仕組み」をつくる

　余裕があれば、1ヶ月ごとの達成記録をつけるのもおすすめです。STEP4の1日のToDoノートをパラパラとめくり、毎日書いてきた中で特筆すべきことやうれしかったことを記録してみましょう。積み上げてきた成果や努力を実感できることで自信になり、がんばり続けるための原動力になってくれます。

　私の場合、次のように、仕事、勉強、プライベートなど、項目ごとに「達成記録」をつけています。

1ヶ月ごとの達成記録をつける

●仕事
新商品の企画書が評価された。○○部長から「部署内で一番良い企画書だった」と言われ、商品化が実現できそう。

●家事
先月購入したホットクックのレシピを新たに7個マスターした。

●IT
Pythonの勉強をスタートした。

●英語
語学番組×50、英語日記×20、英会話教室×6、TOEIC問題集2冊終了。

●スポーツ
スポーツジム×4回。

> ●プライベート
> 学生時代の学科の友人たちで集まり、バースデーパーティー！　ずっと行きたかったレストラン〇〇に行き、ゆっくり話せて楽しかった。
> 新しい財布を購入！

　さらに一歩進んで、「1年間」の単位で達成したことをリスト化していくのもおすすめ。毎年成長していく自分を実感でき、さらに大きな自信になりますよ。

　大きな視野で自分の成長を俯瞰することで自信をつけ、どんどんモチベーションを高めていきましょう！

第 **3** 章

知識が
どんどん頭に入る
「インプット＆暗記」の
仕組み

効率良く成果を出す4つのSTEP

　さまざまな勉強法がある中で、本当に効果的なのはどのような方法でしょうか？

　本章では、私がこれまで数々の勉強法の本や記事を読み、東大生など勉強が得意な人たちに勉強法を教えてもらったりもしたなかで見出した「最高に成果が出る勉強法」を4つのSTEPという形で紹介します。

- **STEP1** 「終点読み」×「娯楽読み」で下準備
- **STEP2** 「3段階読み」×「カンニング勉強法」でムダなくインプット
- **STEP3** 「東大式まとめノート」で効率良く覚えて忘れない
- **STEP4** 過去問の「実践→分析サイクル」で、努力を結果に結びつける

　私自身、この方法で、短期間の勉強で、東大入試や資格試験など、多くの試験に合格してきました。このノウハウは、試験対策に限らず、仕事でスキルアップしたり、趣味で教養を身につけたりする際にも役立ちます。

「終点読み」×
「娯楽読み」で下準備

○ わずか30分の「終点読み」で、もう迷わない

　勉強で成功するためには、まずはじめにやるべきことがあります。それは、自分が目指すゴールを知ることです。

　そのために必要なのが「終点読み」です。終点読みは、「過去問」や「予想問題」など、**自分が目指すゴールとなるものに目を通し、その出題傾向をつかむ**読み方のことです。

　一般的に、過去問や予想問題は、試験直前に見るものだと思われています。しかし、勉強を始める前に目を通しておくことで、

「何を勉強すればいいか？」
「どこに重点を置けばいいか？」
「どのような勉強法が効果的か？」

など、勉強すべきポイントがはっきりとわかり、やるべきことを戦略的に取捨選択して要領よく学べるようになります。

　たった「30分」でかまいません。目的は問題を理解すること、問題を解くことではなく、出題傾向を把握することです。次のようなことをチェックしてください。

第３章　知識がどんどん頭に入る「インプット＆暗記」の仕組み

- 出題範囲
- 問題構成・内容
- 問題形式
- 問題数
- 1問あたりの解答時間
- 合格点

　たとえば、TOEIC のリスニング試験なら、問題形式は「選択式」、問題構成は「写真描写問題が6問、応答問題が25問、会話問題が39問（13個の会話×3個の設問）、説明文問題が30問（10個の説明文×3個の設問）」だということが「終点読み」によりわかります。ほかにも、問題文や模範解答、解説文を読むことで、単語・文法の難易度、出題文の長さ、文章が読まれるスピード、必要とされる前提知識（TOEIC ならビジネス用語）なども把握できます。

　「終点読み」で**目指すべきゴールが明確になると、効率的に勉強する方法も見えてきます**。たとえば、問題形式ならば、選択肢から正しいものを選ぶ「選択式」なのか、語彙力が問われる「穴埋め式」なのか、自分で文章を書く「論述式」なのかで、勉強方法は変わってきます。

　試験勉強以外でも「終点読み」は有効です。

- 尊敬する上司が作成した企画書やプレゼン資料
- 英語が得意な同僚が書いた英文書類

など、目標にしたいものを「終点読み」し、その特徴やポイントを探ってみましょう。完成形をイメージすることで、目標にぐっと近づけます。

○「娯楽読み」で、楽しみながら実力をつける

　勉強というと、苦しく、退屈なイメージを持つかもしれません。しかし、「楽しい」「面白い」ことならどうでしょうか？推しの芸能人のことなら頭に入ってきたり、趣味で始めたことがいつのまにか上達していた経験はだれしもあると思います。

　そこでおすすめなのが、学習マンガ、ゲームアプリ、動画、読みやすい一般書（「マンガでわかる」「イラストで楽しむ」「10時間で学べる」などと題されている本）など、娯楽要素のある教材を楽しみながら読む「娯楽読み」です。
「娯楽読み」は、次のようにして、**その分野の面白味や全体像をいち早くつかむ**読み方です。

—— 英語学習

　第5章でくわしく解説しますが、英語上達の鍵は、楽しみながら英語のシャワーを浴びることです。英字新聞や海外ドラマ、NHKの語学番組などを英語学習に取り入れてみましょう。

—— 資格試験対策

　とっつきにくい試験対策には、楽しいスマホアプリなどを取り入れてみましょう。私自身、以前簿記の勉強をした際、仕訳クイズができるゲームアプリから始めることで、遊び感覚で仕訳を覚えられ、スムーズに簿記2級に合格できました。

　このように、「娯楽読み」は、学習のファーストステップとして効果的です。

「3段階読み」×「カンニング勉強法」でムダなくインプット

　試験に合格するためには、テキストや問題集を使った試験対策が必要です。しかし、テキストや問題集をただがむしゃらに読んだり解いたりするだけでは非効率的で、結果にも結びつきにくい面があります。そこで役立つのが、「3段階読み」と「カンニング勉強法」です。

　「3段階読み」は、「1日1冊読み」→「1日1章読み」→「本気読み」のスリーステップで参考書や問題集を読み進める勉強法のことです。

　「カンニング勉強法」は、問題集を勉強するときにすぐに答えを見るようにする勉強法です。

◯ 「3段階読み」で理解と定着が進みやすくなる

　参考書や問題集を読むとき、あなたはどのような読み方をしていますか?

　もし1回で全部を頭に入れようとしているなら、その方法はすぐに止めてしまいましょう。**どんなに丁寧に読み込んでも、1回で理解・暗記できることはほとんどない**からです。最初は雑でもいいので、何周も読むほうが、内容が飛躍的に頭に入りやすくなります。

そのためのメソッドが、「3段階読み」です。1日1冊読み→1日1章読み→本気読みの順番に精度を上げながら、何周も読む読み方です。

① 1日1冊読み（見出しやキーワードを中心に「1日で1冊」を読み終える）
　　↓
② 1日1章読み（重要箇所を中心に「1日で1章」を読み終える）
　　↓
③ 本気読み（丁寧に精読する）

この「3段階読み」には、次のように、多くの効果があります。

—— 全体像がつかめる

最初から細部にこだわって精読すると、やたら時間がかかってしまい、全体の流れが見えづらくなってしまいます。「1日1冊読み」や「1日1章読み」で重要箇所を中心に全体像を把握することで、要点を見極めて、要領良く学んでいけるようになります。特に、「1日1冊読み」は、全体像の把握に効果的です。

—— 理解する速度が上がる

はじめて読んだときにはまったく意味がわからなかったことが、ひととおり読み終えた後にもう一度読むと理解できることがあります。

知識とは、情報の寄せ集めではなく、さまざまな情報が有機的につながり、1つになったものです。そのため、**ある章で学んだことが、別の章を学ぶときに役立つことがよくあります。**「1日1冊読み」や「1日1章読み」で、できるだけ早く1周を

読み終えることで、理解のスピードを速められます。

—— 記憶に定着する

　知識を記憶に定着させるためのポイントは「繰り返す」ことです。このことは科学的にも証明されていて、ドイツの心理学者・エビングハウスの「**エビングハウスの忘却曲線**」によれば、人は覚えたことを、20分後には42％、1時間後には56％、1日で74％も忘れてしまうと言います。一方で、1回で暗記しようとせず、時間をおいて何回も繰り返し「思い出す」ことで、このような忘却を食い止め、知識を記憶に定着させられることがわかっています。

「3段階読み」なら、短期間で「繰り返し読む」ことが可能になります。

—— モチベーションが上がる

「1日1冊読み」や「1日1章読み」の肝は、たとえ完璧でなく、わからないところがあったとしても、「今日はこれだけ進められた！」という達成感を得られることです。1つの場所で止まってしまうよりも、勉強へのモチベーションは上がります。

—— 先延ばしを防ぐ

「1日に1冊」「1日1章」と「期限」を決めることで、先延ばしを防ぎ、短期間で読み終えられるようになります。

「1日1冊読み」「1日1章読み」「本気読み」のポイントは次のとおりです。

── ① 1日1冊読み

「1日1冊読み」の目的は、本の全体像を把握することです。目次や見出し、キーワードを中心に読み進めます。

特に目次は、本を開く前と閉じるときに必ず目を通してください。そして、読んでいる途中にも頻繁にチェックすることで、読んでいる内容が全体の中でどのような位置づけにあるのかを整理することができます。「木を見て森を見ず」とならず、全体像を把握しながら読み進めていけるのです。

── ② 1日1章読み

「1日1章読み」の目的は、本の重要な部分を理解することです。キーワードや重要箇所を中心に読みます。到達目標は、問題集の場合は、「解答・解説を読んで理解できる」「解答に必要なポイントを把握する」ことです。

ただし、読み進める中で**わからないところが出てきた場合は、あまり時間をかけすぎないようにしましょう**。時には読み飛ばしてもかまいません。不明点はメモして、「本気読み」のときに解決します。

なお、自分の実力次第で、「1日2章読み」「1日3章読み」「1日半章読み」とペースを調整してもOKです。**あえて量を増やして、自分の限界に挑戦するのもおすすめです**。

── ③ 本気読み

「本気読み」の目的は、本の内容を完璧にマスターすることです。全体を丁寧に精読します。到達目標は、問題集の場合だと「解答・解説なしで、自力で問題が解けるようになる」ことです。

「本気読み」のポイントは、何よりも **「手を動かす」** ことです。

- 解答を“紙に写しながら”覚える
- 問題集に“解法のポイントを書き込む”

など、読むだけでなく手を動かすことで脳が活性化し、内容を理解・暗記しやすくなることは、科学的にも証明されています。

○ 「カンニング勉強法」で考える時間・悩む時間を最小化

── 主教材は「問題集」、テキストや参考書は副教材に

　試験勉強のときに、メインで勉強する教材としておすすめなのは、テキストや参考書よりも、「問題集」や「テキスト付き問題集」です。**問題集を使えば、テキストの内容が試験でどのように聞かれるのかがひと目でわかる**からです。ゴールから逆算できるのでムダがなく、効率的です。

　一方で、テキストや参考書のほうが、情報量が豊富で、解説が丁寧なことが多いでしょう。

　そこで、テキストや参考書は副教材として、次のように活用します。

- 問題集に書いてあることがわからないときに「辞書代わり」に使う
- 問題集を読み終えた後の「仕上げ」に読み、知識を補足する

　テキストや参考書から入手した知識は、問題集に書き込み、情報を1つのところに集約しておくといいでしょう。

「とはいっても、テキストや参考書を読む前に、いきなり問題集をやっても、解ける問題はないのでは？」

　そう思われることでしょう。もちろん、そのとおりです。

　そこで提案したいのが、「カンニング勉強法」です。「カンニング勉強法」は、問題を「すべて自力で解こう」とするのではなく、わからないときは「すぐに答えを見るようにして」読み進めたり書き写したりしながら、解法を暗記学習する方法です。

　勉強時間の一番のムダは、ズバリ「考える時間」「悩む時間」です。「解けないときは解けない」と割り切ることで、大幅に勉強時間を短縮できます。

「東大式まとめノート」で効率良く覚えて忘れない

　ここでは、情報整理と暗記に効果的な「東大式まとめノート」のメソッドを紹介します。これは、私が東大生や東大大学院生など勉強が得意な人のノート術を分析し、そのいいところだけを組み合わせて「仕組み化」したものです。

○ 「東大合格生のノートはかならずしも美しくない」のはなぜ？

　「東大式まとめノート」の特徴は、「書いてから覚える」のではなく、「書きながら覚える」ところです。

　「東大ノート」というと、2008年にベストセラーになった『東大合格生のノートはかならず美しい』（文藝春秋）を思い出す方もいるのではないでしょうか？　この本では、東大生のノートの成功の秘訣は「美しく丁寧に書く」ことにあると述べられています。

　たしかに、「美しいノート」は魅力的です。しかし、子どもの頃からノートをきれいに書いてきた**「優等生タイプ」の人以外には、あまりおすすめできない**と思っています。普通の人が同じことをしようとすると、時間や労力をかけすぎてしまい、肝心の理解・暗記が疎かになって逆効果になるリスクがあるためです。

じつは、私はこれまでさまざまな東大生や東大院生のノートを分析してきましたが、「美しいノート」をつくっている「優等生タイプ」の学生は、一定数いるものの、ほんのひと握りだということがわかりました。

逆に、本人にしか読めない字で「信じられないほど汚いノートづくり」をしている学生もひと握り存在しています。彼らは「天才型」で、講義を受けるだけで覚えられるので、ノートが必要なかったり、頭の回転の速さにノートを書く手が追いつかないと言います。

では、残りの大半を占めるマジョリティ東大生はどうかというと、「工夫型」のノートづくりをおこなっています。これは、**決して「美しい」わけではないけれど、「書きながら理解し、暗記するための工夫」に満ちたノート術**です。

○ なぜ、わざわざ「まとめノート」をつくるのか？

そもそも、なぜわざわざ「まとめノート」をつくる必要があるのでしょうか？

それは、まとめノートをつくることで、**情報の「一元化」と「最適化」がおこなえる**ためです。

—— 情報の「一元化」

参考書や問題集などの情報が1つのところに集約されずにバラバラのままでは、頭が混乱してしまいます。試験前に復習したいときにも、いちいちいろいろな本を参照しなければならず、不便です。まとめノートをつくると、大量の情報を1つの場所にまとめることができます。

―― 情報の「最適化」

　市販の参考書や問題集は、多くの人に向けて書かれているため、中にはどうしても自分には必要のない情報も含まれてしまいます。逆に、自分に必要だと思う情報が抜けていることもあります。

　一方、自分だけのまとめノートなら、自分に必要な情報だけを選んで書くことができます。また、苦手なポイントや覚え方のコツを書き込むことで、自分に最適な1冊をつくれます。

　このようなまとめノートづくりの効果は、「東大式まとめノート」の3つのポイントを押さえることで、ますます高まります。

　　①「見出し」「記号」「番号」を用いて、頭の中に"引き出し"
　　　をつくる
　　②「テスト形式」で、書きながら覚える
　　③「暗記術満載」で、すぐに覚えて絶対に忘れない

　ここからは、それぞれのポイントについてくわしく解説していきます。

東大式まとめノート

①「見出し」「記号」「番号」を用いて、頭の中に"引き出し"をつくる

10/1 南アメリカの世界遺産

① ガラパゴス諸島
② 中央アマゾン自然保護区群
③ ブラジリア
④ マチュ・ピチュ
⑤ ナスカとパルパの地上絵
⑥ ラパ・ニュイ国立公園
⑦ ポトシの市街
⑧ ロス・グラシアレス国立公園（イグアス国立公園）
⑨ イグアス国立公園

ロス・グラシアレス国立公園

イグアスが上、
ロス・グラシアレスが下！
Los Glaciares
英語で冠詞＋glacier（氷河）

暗記イラスト

短耳　長耳

イースター

ラッパ
（ラパ・ニュイ）

ラパ・ニュイ国立公園

・約900体のモアイ像で有名
・イースター島と呼ばれる
・モアイを建造したのは長耳族と短耳族
 ∵先住民の貴族階級の先祖を祀るため
 → 6C頃〜互いのモアイを倒し合うフリ・モアイ

②「テスト形式」で、書きながら覚える

③「暗記術満載」で、すぐに覚えて絶対に忘れない

第3章　知識がどんどん頭に入る「インプット＆暗記」の仕組み

① 「見出し」「記号」「番号」を用いて、頭の中に"引き出し"をつくる

　次々とスキルアップする人たちのノートには、共通点があります。それは、「情報が整理されている」ことです。

　たくさんの知識を持ち、その知識を自由自在に取り出せる人の多くは、頭の中に"引き出し"を持っています。必要なものを引き出しから取り出すように、その時々で必要な知識を頭から取り出しています。

　しかし、大量の情報を頭の中だけで整理して"引き出し"をつくるのは、よほどの天才でなければ容易なことではありません。そこで、**一度ノートの上にそれらを可視化することが大切**なのです。

　情報が整理されたノートの特徴は、次の2点です。

　① ページごとに「見出し」がついている
　② 「記号」「番号」で整理されている

── ① ページごとに「見出し」がついている

　ノートには、ページごとに「見出し」をつけることが大切です。「見出し」とは、そのページに書いた内容をひと言で表したものです。

　本を読むときにも、目次があれば、読みたいところを探しやすくなり、全体の流れもわかりやすくなりますよね。それと同じように、**ノートにも「見出し」があれば、自分が書いたことを思い出しやすくなりますし、情報を整理しやすくなります。**「見出し」は、わかりやすいように、ページの最上段に書きま

しょう。大きな文字で書くなど、目立つように工夫するといい
でしょう。

—— ②「記号」「番号」で整理されている

「記号」や「番号」を使って情報を分類し、関係性を可視化す
ることで、情報をひと目で把握できるようになります。具体的
には、次のようにすると便利です。

- 箇条書きにする
  → ・(中黒)、①②③……(番号)

- 記号で因果関係や同義関係を表す
  → (矢印)、＝ (等号)、⇔ (逆)、∴ (ゆえに)、∵ (なぜなら)
  など

- 補足情報を入れる
  →＠ (〜の場所で)、例 (たとえば)

　大量の情報もこのように整理することで一覧性が高まります
し、1つのキーワードで連鎖的にほかのキーワードも思い出し
やすくなり、暗記がはかどります。

情報整理におすすめのノート

情報整理に最適なノートを2つ紹介します。

—— マルマン「ニーモシネ 特殊メモリ入7㎜罫 A5」

このノートの良いところは、「見出し」が目立つところです。具体的には次のような特徴があります。

- ページのヘッダーに日付とタイトルの記入欄があり、そのページの見出しが目立つように工夫されている
- ページが太い罫線で3つのブロックに分割されていて、1ページの中でそのブロックに沿って小見出しをつくり、内容を書き分けることもできる

ほかにも多くの魅力があります。

- 7mm幅の横罫なので、書いた内容がすっきりと見やすい
- 思うように書けなかったときも、ミシン目でかんたんに切り取れる
- 紙質が良くて書き心地が良い

マルマン「ニーモシネ　特殊メモリ入7mm罫　A5」

—— コクヨ「キャンパス フラットが気持ちいいノート」

　最近東大キャンパス内でもちらほら見かけるようになったのが、2023年に発売したこちら。ニーモシネのノートと同様、広めのタイトル欄・日付欄がついていて、まとめや情報整理にぴったりのノートです。

　このノートの最大の特徴は、ノートのノドの部分がフラットになっているため、真ん中のふくらみを手で押さえずともページが開き、ストレスフリーに使用できるところ。「とにかく気持ち良くノートが書ける」と話題です。

　フラットに開くので、写真のように、左右のページを横断し、見開き1ページでまとめノートを作成することもできます。「ノートに書いたことを普段からスマホで見返したい」というときに、スマホ撮影しても影ができないのも魅力です。

コクヨ「キャンパス フラットが気持ちいいノート」

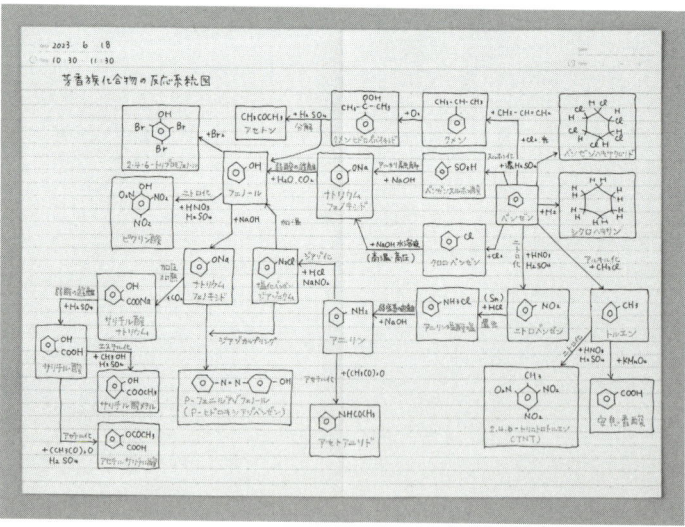

② 「テスト形式」で、書きながら覚える

「完璧なノートをつくってから覚えよう」と思っていたのに、ノートづくりだけで力尽きてしまったことはありませんか?

そうならないためにも、「ノートをつくっているまさにその瞬間に、その内容を理解・暗記できる」ノートづくりが大切です。では、どうすればいいのでしょうか?

その答えが、「テスト形式」のノートづくり。**覚えたいキーワードや文章を空欄にしておき、自分で埋めるようにする**方法です。

「テスト形式」のノートづくりの手順を見ていきましょう。

—— 1周目:まとめノートを作成する

まずは普通にまとめノートを作成しますが、覚えたいキーワードや文章を空欄にしておきます。空欄箇所は頭の中で反復し、「覚えながら」ノートを記入します。

—— 2周目:空欄箇所にオレンジペンで解答を記入する

次に、空欄箇所にオレンジペン(赤シートを重ねると消えるペン)で解答を記入します。このペンを使うことで、後から赤シートで隠して復習できます。

—— 3周目:解答を採点し、まちがえたところは直す

2周目で空欄箇所に書いた自分の解答を採点します。

まちがえたところはオレンジペンで二重線を引き、正しい解答に直します。このひと手間で、苦手箇所をノート上で一目瞭然にできます。

そして、直しながら、再度覚え直します。

── 4周目以降：赤シートで隠して復習する

最後に、赤シートを使い、オレンジペンで書いた解答を隠して復習します。

何度もまちがえる箇所は、解法のヒントや暗記法をオレンジペンで追記して覚えます。

何周もすることで、自分だけの「オリジナルノート」ができます。

オレンジペンは、私の場合、パイロットの「ハイテックCコレト」のオレンジを使用していますが、書き心地の合うものを選ぶといいでしょう。

このノート術の良さは、こんなところです。

- アウトプットの練習ができる
- 繰り返し覚え直せる

── アウトプットの練習ができる

大量の知識をインプットし、知っているつもりになっていても、「ここぞ」というときにアウトプットできなければ意味がありません。インプットした知識を思い出してアウトプットする練習が必要です。

テストによるアウトプットで知識が記憶に定着しやすくなることは「**テスト効果**」と呼ばれ、科学的にも証明されたメソッドです。クイズ感覚でアウトプット練習ができる「テスト形式」のノートづくりなら、暗記が進むことまちがいありません。

　有名な「**エビングハウスの忘却曲線**」では、物事を忘れないためには、「何回も繰り返し覚え直す」ことが最も重要だということが科学的に証明されています。そして、「テスト形式」のノートづくりなら、ノートをつくりながら「繰り返し」の暗記練習が可能です。

　さらに、赤シートで隠して復習することで、何度も繰り返し覚え直すことができます。まちがえたときは、どこをどうまちがえたのかも書き込むことで、同じミスをしてしまうことを防げます。これらの工夫によって、記憶力を高めることができるのです。

暗記におすすめの赤シート

赤シートは次の2つがおすすめです。

—— ゼブラ「チェックシートセット」

教科書サイズの縦22.3cm×横13.8cmとちょうどいい大きさで、使いやすいです。

—— クツワ「カクシート」

ここ最近話題なのが、こちら。ありそうでなかった「書きながら覚えられる」赤シートです。

黄色のメモ部分に、ペンのキャップや指先で文字が書き込めます。シートをめくると文字が消えるので、繰り返し書いたり消したりしながら暗記ができます。

③ 「暗記術満載」で、すぐに覚えて絶対に忘れない

ノートづくりの目的の1つは「知識の暗記」にあります。そこで、ノートには「暗記法」をどんどん書き込んでいきましょう。おすすめの方法を7つ挙げます。

① 語呂合わせ法
② ストーリー法
③ 英語変換暗記法
④ "自己流" 英語変換暗記法
⑤ "自己流" 漢字変換暗記法
⑥ 語源暗記法
⑦ イラスト暗記法

── ① 語呂合わせ法

覚えたい言葉や数字を、意味のある言葉に置き換えて覚えやすくする方法です。だれもが一度はやったことがあるポピュラーな暗記法といえます。

● 鳴くようぐいす平安京（794年平安京遷都）
● 水平リーベ僕の船なら（H、He、Li、Beなど原子記号）

── ② ストーリー法

覚えたい知識をつなげて物語をつくる暗記法です。
たとえば、秘書検定で頻出の常識問題で、長寿祝いの年齢を表すときの「喜寿＝77歳」「米寿＝88歳」「白寿＝99歳」という、

一見紛らわしくて覚えづらい知識も、ストーリー形式で覚えれ
ば、頭の中にイメージが湧き、頭に入ってきやすくなります。

「ラッキーセブン（7）は"喜"ばしい。うれしくてお米を食べ
ていたら、お"米"から蜂（8）が出てきたから、"白"い靴（9）
を履いて逃げ出した」

　ストーリー法のコツは、**できるだけ突拍子もないストーリー
をつくる**こと。突拍子もなく、変なストーリーであればあるほ
ど、印象に残りやすくなり、記憶に残りやすくなるからです。

── ③ 英語変換暗記法

　カタカナの言葉を覚えるときに、英語の意味を知ることで、
暗記が格段に楽になる方法です。
　私が世界遺産を学んでいたときの例を挙げましょう。「ロス・
グラシアレス国立公園」は、アルゼンチンにある、巨大氷河で
有名な国立公園ですが、「ロス・グラシアレス（スペイン語で
「Los Glaciares」）」という言葉はなじみがなく、かなり覚えづら
いことと思います。
　しかし、英語で「glacier」が「氷河」だと知っていれば、ど
うでしょうか？　「glacier」をスペイン語にしたのが「グラシ
アレス」なのです。さらに、「los」は、英語の「a」や「the」
のようなスペイン語の冠詞の1つです。このことを知っていれ
ば、氷河で有名な国立公園＝ロス・グラシアレス国立公園の結
びつきが、一気に覚えやすくなります。
　**ヨーロッパの言語は、元々共通の言語から分かれてきたもの
が多く、英語変換暗記法が役立ちやすいです。**

英語変換暗記法の弱みは、元の単語の意味を知らないと覚えやすくならないことです。そんなとき、自己流で覚えやすい英単語に変換し、それをストーリー法で覚えるのがこの方法です。

たとえば、世界遺産を学んだときに出てきた「ドルメン（新石器時代以降の支石墓の名称）」という言葉。これは、実際の語源はブルトン語で、「dol(テーブル)」＋「men(石)」（テーブル状の石）という意味ですが、英語と似ていないので、かなり覚えづらいです。

そこで、「doll men(人形の男たち)」と自己流に英語変換します。これなら、少し覚えやすくなりますよね。

さらに、それだけでは「支石墓」との結びつきが弱いので、ストーリー法も駆使して、

「人形の男たちが支石墓をつくった」

というストーリーをつくれば完成です。

このように、なじみのある英単語に置き換え、それをストーリー法で覚えやすいお話にすることで、どんな言葉も暗記しやすくなります。

── ⑤ "自己流"漢字変換暗記法

覚えたいことを自己流で漢字変換したうえで、ストーリーで覚える方法です。

たとえば、世界遺産の「ロベン島」は、南アフリカ初の黒人大統領のネルソン・マンデラがかつて政治犯として収監された刑務所のある「人種差別の歴史が刻まれた島」です。この暗記しづらい「ロベン」という言葉も、「路弁島」と漢字変換し、

「黒人だけ（屋内ではなく）路（上で）弁（当を食べさせられるほど）人種差別のひどい島」

とストーリー仕立てで覚えたなら、暗記しやすく、忘れにくくなります。

—— ⑥ 語源暗記法

英単語を「語源」で覚える方法です。英単語がどこから来ていて、どういう意味を持っているかを知ることで、英単語を覚えやすくなります。

たとえば、「exclude（除外する）」と「include（含む）」。英単語単体で覚えるのは難しく感じるかもしれませんが、ex ＝外へ、in ＝内へ、clude ＝閉じる、という語源を知っておけば覚えやすくなります。

- 外へ閉じる　→　相手を外に出して閉める　→　除外する
- 内へ閉じる　→　相手を内に入れて閉じる　→　含める

さらに、「preclude（妨げる）」や「conclude（結論を出す）」のような単語も、かんたんに覚えられます。

- pre（事前に）＋ clude（閉じる）　→　前もって閉じる　→　妨げる

- con（ともに、一緒に）＋ clude（閉じる）　→　ともに議論を閉じる　→　結論を出す

語源さえ覚えておけば、たとえ単語の意味を忘れてしまった

ときも、語源から意味を予測することが可能になります。

── ⑦ イラスト暗記法

知識は「イラスト化」すると覚えやすくなります。これは「**画像優位性効果**」といい、科学的にも証明されています。

たとえば、「イースター島にある世界遺産のラパ・ニュイ国立公園は、先住民の長耳族と短耳族のつくったモアイ像が有名」ということを覚えたいとき、

「"長い耳"と"短い耳"のついた"モアイ"が"ラッパ"(ラパ・ニュイ)を吹いて"イースター"を祝っている」

というストーリーをつくり、それをイラスト化します。絵にすることで覚えやすくなり、時間が経っても忘れにくくなりますよ。

イラスト暗記法は、これまで紹介してきた暗記法と組み合わせると効果的です。特に、「人形の男たちが支石墓をつくっている絵」("自己流"英語変換暗記法)や、「ネルソン・マンデラが島の路上で弁当を食べて人種差別をなくす決意をしている絵」("自己流"漢字変換暗記法)などのストーリーはイラスト化することで、暗記がぐんぐんはかどります。

ノートには、これらの暗記術を駆使し、暗記法やイラストをどんどん書き込みましょう。そうすることで、暗記が格段に進みます。

ノートの暗記が劇的に捗る
「優れもの文具」3選

　次の3つの文具は、ノート術とあわせて活用することで、暗記力を劇的にアップさせられる優れものです。ぜひ活用してみてください。

—— 伊東屋「オリジナルトレペメモA6」で画像暗記がサクサク

　本に載っている画像をノートに挿入したいとき、家にコピー機がなくて切り貼りができず、困ったことはありませんか？

　ノートづくりのためにわざわざ何度も外出してコピーを取りに行くのは面倒ですし、本のページをそのままはさみとのりで切り貼りすると、裏面のページが切れ、読めなくなってしまいます。

　そんな時に役立つのが、伊東屋の「オリジナルトレペメモA6」です。これは、挿入したい画像を写しとれる透明なトレーシングペーパーを使ったA6サイズのメモです。これなら、本の画像をその場で写して、ささっとノートに貼れますし、「自分の手で書く」作業をすることで、画像の内容が脳に刻み込まれやすくもなります。地図や写真、イラスト（人物の顔や建物の外観）などを覚えるときに役立ちます。

伊東屋「オリジナルトレペメモ A 6」

—— 学研ステイフル「Write White ホワイトボード
　ノート」で「書き殴り暗記」がはかどる

　ひたすら書き殴って覚える「書き殴り暗記」。古典的な勉強
法ですが、どうしても覚えられないものをとにかく脳に刻みつ
けたいときに有効な手段です。

　そんな「書き殴り暗記」におすすめの文具が、「持ち運べる
ノートサイズのホワイトボード」として話題の学研ステイフル
「Write White ホワイトボードノート」です。

　ひたすら手を動かす「書き殴り」は、ストレスのかからない
書き心地のペンとノートを使うのがベスト。ストレスフリーな
書き心地の「ホワイトボードノート」は、その最たるツールで
す。

　さらに、ホワイトボードは、紙のノートと違い、「書いたあ
とに消す」作業が発生する点もポイント。エビングハウスの忘
却曲線によれば、知識を記憶に残すには、時間が経ってから何

度も思い出すことが大切です。この「ホワイトボードノート」なら、「書くとき」と「次のことを書くために消すとき」と「2回思い出せる」ので、記憶の定着に効果的です。

学研ステイフル「Write White ホワイトボードノート」

―― コクヨ「キャンパス まとめがはかどる ノートふせん」なら、すっきりまとまる

「書きたいことを1ページに収めたいのに、少しだけ余白が足りないときに、それをそのページにすっきりまとめたい」

そんなときに役立つのが、コクヨの「キャンパス まとめがはかどるノートふせん」です。

見出しごとに1ページにすっきりまとめたいときにはもちろん、暗記法などを追加で記入する際にも役立ちます。

特に、「東大式まとめノート」の方法だと、ノートを何周も読み返すうちに、苦手なポイントが明確になってきて、解説や

暗記法など、追加で加筆していきたくなることがあります。そんなとき、「まとめがはかどるノートふせん」があれば、そのページに余白がなくてもどんどん追加で書き足すことができ、安心です。

コクヨ「キャンパス まとめがはかどるノートふせん」

過去問の「実践→分析サイクル」で、努力を成果に結びつける

　試験合格もスキルアップも、実践が命。できるだけ多くの問題を解いて、本番に臨みましょう。

　ただし、過去問や予想問題を「ただ解く」だけでは、得点アップにはなかなかつながりません。**成果を出すには、「分析」がものを言います**。解き終わったあとに、次回受けるときにどうすればもっと高得点が取れるか、自分の弱点や改善点を「分析」することが大切です。具体的には次の4点です。

① 「時間配分」の分析

　テストで「時間が足りない」「ケアレスミスが多い」と感じたら、時間配分を分析してみましょう。時間配分を工夫すれば、「時間が足りない」を解決できるだけでなく、**「時間が足りなくてミスする」**ことも減らせます。

　過去問や予想問題を解いてみて、「時間が足りなかった」と感じた場合は、

「どこに時間を割き過ぎたか？」
「どこに時間を割くべきだったか？」

を振り返ってみましょう。そして、

「Part1は〇分、Part2は〇分、Part3は〇分、見直しは〇分、それぞれのPartで1問につきだいたい〇分」

というように、次回からの時間配分を考えます。

　あわせて、**「解く順番」についての戦略も練りましょう**。たとえば、私はTOEICのリーディング試験で、「時間が足りず全問解ききれない」「見直す時間がなくケアレスミスを直せない」ことで悩んでいましたが、

「前半の穴埋め問題は手早く解き、後半の長文読解にしっかり時間をかけ、最後に穴埋め問題に戻り、不安な箇所を中心に見直しを進める」

という戦略を立てたことで、大幅に点数アップできました。それまでは、前半の穴埋め問題を完璧に解こうとして長文読解の時間が足りず、最後まで解けなかったのですが、穴埋め問題のミスを防ぎつつ、長文読解に集中できるようになったのです。

② 「本番での解き方」の分析

　本番で正確かつスピーディに解き進めるためのコツやテクニックを考えます。
　たとえば、私はTOEIC試験で次のようなコツを見つけ出すことで、速く正確に解けるようになりました。

—— リーディングの「長文穴埋め問題」

(長文にいくつかある空欄に入る適切な選択肢を選ぶ問題)

- 長文を全部読んで時間をかけるのではなく、空欄の前後の文だけを読むようにする。
- これまでの出題傾向から、時制や単語など、解答のヒントとなるポイントをあらかじめ分析しておき、本番ですぐに答えを見つけられるようにしておく。

—— リーディングの「長文読解問題」

(英語の長文を読み、内容についての設問に答える問題)

- 本文の英語を全部読もうとするのは止め、問題文から本文へ逆戻りするようにする。
- まずは問題文を読み、それに対応する文章を本文から探すようにすることで、スピーディに解き進める。

—— リスニングの「写真描写問題」

(4つの英語音声から、写真の内容を最も適切に描写したものを選ぶ問題)

- 問題文が流れる前に、写真を細かい部分までじっくり見て、英語音声で読まれそうなポイントについてヤマを張るようにする。
- これまでの出題傾向から、どのような英語音声が流れるかをあらかじめ分析し、ヤマをかけるべきポイントを、写真を見たらすぐに判断できるようにしておく。

このように、**解き方のコツやテクニックを事前に分析してお****く**ことで、本番で最高のパフォーマンスを発揮できるようになります。

③「わからない問題があったときの対応の仕方」の分析

わからない問題に出会ったときの対策をあらかじめ考えておくことで、本番でパニックにならないようにします。

たとえば、私はTOEICのリーディング試験対策で、わからない問題や自信がない問題があったときには

「とりあえず適当に解答し、解答用紙に印をつけて、見直しの時間にそこを優先的に見直し、じっくり考える」

という対策を取りました。これにより、わからない問題で時間をムダにしたり、自信の持てない解答が気になってその後の集中力が削がれてしまうことがなくなり、得点に結びつきました。

④「苦手ポイントや弱点」の分析

過去問や予想問題を解くことで、苦手ポイントや弱点を発見できます。「時間がかかった」「ミスした」「わからなかった」問題があれば、それらの問題の共通点を見つけるようにしましょう。そこを重点的に訓練することで、弱点は克服できます。

たとえば、TOEIC試験なら、次のように対策できます。

── イディオムの暗記が不十分でミスにつながっている

→TOEICテスト用のイディオムの本を購入し、勉強する。

── リーディングのダブルパッセージ問題（2つの長文を読んで設問に答える問題）でミスが多い

→ダブルパッセージ問題に特化したTOEIC問題集を解く。

── リーディング問題でいつも時間が足りなくなる

→特に時間がかかった問題について、「全文を精読」せずに「一部分を読む」だけで正答にたどりつける方法を、1問1問分析する。読み流してもいい部分や、単語の意味を予測するコツなどを分析し、アイデアや改善策をメモする。

── リスニング問題で聞き取れない箇所が多い

→聞き取れなかった発音、聞き取るべきポイントなどを1問1問分析し、勘をつかむ。

── リスニング問題で、特にイギリス英語の聞き取りが苦手

→英会話スクールでイギリス人の先生を指名し、練習する。

　以上のように、「実践」と「分析」を繰り返すことで、過去問を1回解くごとに、どんどんスコアを上げられるようになります。
　ここではおもに試験勉強を例に説明してきましたが、この方法は、**仕事の業務知識や趣味の教養を学ぶときなどにも応用できます**。完成度の高い企画書やプレゼン資料と比較し、自分の企画書やプレゼンを分析することが、知識やスキルの飛躍的向上につながります。

やる気・集中力をアップする 4つのテクニック

　以上の「4つのSTEP」に加え、勉強に取り組む際にはやる気や集中力が重要な要素になります。そこで、科学的エビデンスに基づき、やる気・集中力アップの「4つのテクニック」を紹介します。

① 「5分間勉強法」で作業興奮を生み出す

「1日1時間の勉強で、人生は大きく変えられる……そうは言っても、実際に毎日継続して勉強するのって難しいんだよね」

　それが多くの人の本音ではないでしょうか？
　そんなときには、ぜひ、この言葉を呟いてみてください。

「よし"5分間だけ"やってみよう」

　やる気が出ていなくてもかまいません。**無理してやる気を高めようとする必要もありません**。やりたくない気分のままでも、仕事のように淡々と始めましょう。
　これは、ドイツの精神科医、エミール・クレペリンによって提唱された**「作業興奮」**という脳の仕組みを利用した勉強法です。人の脳は、ひとたび頭を使い始めると、その刺激を受け、

やる気を引き出すホルモンを分泌する仕組みになっています。それを「作業興奮」と言います。

「作業興奮」は、作業を始めてから5～10分ほどで起こると言います。「5分」と言えば、カップ麺ができるまで、お湯に茶葉を入れて美味しい紅茶ができるまでくらいの時間です。それくらいなら、毎日でも試せるのではないでしょうか？

そして、一度始めてしまえば、しめたもの。あとは、「作業興奮」により、「もう少し、もう少し」と進み続けるのみです。

② 勉強したくてたまらなくなる？「キリの悪いところで終わらせる」のスゴイ効果

勉強は「始めるときが一番しんどい」のではないでしょうか？

じつは、勉強を始めやすくするポイントは、「どのように終わらせるか」にあります。

大半の人は、勉強を「キリのいいところ」で終わらせようとします。しかし、本当は、**「キリの悪いところでやめる」ほうが効果的**なのです。その理由は、続きが気になって、次もやりたくなるから。キリのいいところでやめてしまうと、次に始める時に新しい内容から始めることになり、敷居が高くなります。

完了したタスクよりも、未完了のタスクのほうが気になってしまうことは、**「オヴシアンキーナー効果」**として、心理学の理論でも説明しています。さらに、未完了のタスクのほうが記憶にも残りやすいということは**「ツァイガルニク効果」**と呼ばれ、こちらも心理学で証明されています。

つまり、勉強を習慣化するコツは「もっとやりたい！」という気持ちを残しておくこと。そのモヤモヤ感がやる気を引き出

してくれるのです。

③ 「ポモドーロ・テクニック」で集中力アップ

　勉強を集中してサクサク進めるテクニックの1つに「ポモドーロ・テクニック」があります。「ポモドーロ・テクニック」は、ひと言で言うと仕事や勉強を**「25分＋5分」で区切る**時間管理術で、国連やイタリア中央銀行、ノキアなど、世界中のエグゼクティブや大企業が実践しています。

　ポモドーロは、イタリア語で「トマト」の意味。イタリアの起業家のフランチェスコ・シリロ氏がトマト型のキッチンタイマーを使って時間管理をしていたことにちなみ、「ポモドーロ・テクニック」と呼ばれています。

　やり方はとてもシンプル。

① タイマーを「25分」にセットする
② タイマーが鳴るまでは集中して勉強する
③ 「25分」が経ち、タイマーが鳴ったら、すぐに「5分」の休憩に入る
④ 「25分→5分」のサイクルを「4回」繰り返したところで（2時間が経ったところで）、「15〜30分」の休憩を取る

　休憩をはさみながらメリハリをつけて勉強するので、ダラダラを防げます。集中力が続かないことにお悩みの方はぜひ試してみてください。

　注意点として、**タイマーに「スマホを使わない」**ことが大切です。スマホをタイマーにしてしまうと、タイマーを確認するために、その都度スマホ画面をオンにする手間が発生してしま

いますし、残り時間を見るついでにスマホをいじりたくなって
しまうからです。

④ 飽きたら変えるだけ「スイッチング勉強法」

せっかく勉強をスタートしたからには、できれば長時間取り
組みたいところ。でも、「集中力が切れてきた」「飽きてきた」
と感じたときは、脳が疲れてきたサインです。そんなときは、
勉強内容をスイッチし、別の勉強を始めることで、気分を一新
させましょう。

たとえば、英語の勉強をずっとしていて「もう集中できな
い」「飽きてしまった」と感じたなら、プログラミングの勉強
に変えてみましょう。すると不思議なことに、集中力が蘇って
きて、さらに長時間勉強し続けることが可能になります。また、
同じ英語の勉強でも、リーディングからリスニングへと内容を
変えるだけでも、集中力は蘇ってきます。

**たとえ頭が疲れているように感じられても、疲れているのは
脳のほんの一部分であることが多い**です。同じ脳でも、外国語
学習のときに使う頭と、計算問題を解くときに使う頭とは違い
ます。脳には、視覚を担う場所もあれば、聴覚を担う場所もあ
ります。だから、学習内容を変えることで、頭をリセットでき、
長く勉強し続けることが可能になるのです。

同じ集中力なら、長時間勉強したほうが、処理できる量も当
然増えていきます。長時間学習を習慣化することで、成果を上
げていきましょう。

ToDoノートで「脳のバックオフィス」を整える

「やる気が出ない……」「体がだるい……」

そんな日々が続いているとしたら、それは脳のバックオフィス＝睡眠・食事・運動のような普段の生活習慣のせいかもしれません。これらをほんの少し整えるだけでも、気分は変わってくるものです。

睡眠・食事・運動は、私たちの脳に大きな影響を与えます。質の良い食事や睡眠、適度な運動やマッサージは、やる気を取り戻すための特効薬です。やる気が出ない日が続くときは、ToDoノートに、体のメンテナンスを書き込むことをおすすめします。

—— 睡眠

- ☐ 夜0時までに就寝する
- ☐ 就寝前にヤクルト1000か冷たい麦茶を飲む
- ☐ 就寝1時間半前にお風呂に入る

質の高い睡眠は、やる気や集中力アップに不可欠。
気分が乗らないときは、早めの就寝がおすすめです。深く長

く眠ることで、頭がすっきりして、新たな活力が湧いてくることが期待できます。

　睡眠の質を高める方法を試してみるのもおすすめです。たとえば、「睡眠学の権威」として知られるスタンフォード大学の西野精治教授によると、睡眠の質を高めるには、入眠時に体温を下げることが大切だと言います。そのために効果的なのが、「就寝前に冷たい飲み物を飲む」ことや、「就寝の1時間半前にお風呂に入る」ことだと言います。最近では、「ヤクルト1000」など、睡眠の質を向上させるとされる飲料にも注目が集まっています。

── 食事

- [ ] ヘルシー定食が売りのレストランAへ行く
- [ ] 夕食自炊（野菜たっぷり鍋orポトフ）

　オーストラリアのマッコーリー大学の研究によると、「うつ症状がある人が、食事を健康的なものに変えただけで、3週間後にうつ症状が軽減した」という驚くべき結果が出ています。不健康な食事は、それだけで脳に悪影響があるということです。

　ToDoノートにその日の食事のメニューをメモし、健康的な食事ができるよう管理してみましょう。

―― 運動

- [ ] ジムに行く
- [ ] ジムに入会する
- [ ] ホットヨガのレッスンを予約する
- [ ] 19時〜ホットヨガレッスン
- [ ] 大人気の暗闇エクササイズを試す!

　ハーバード大学医学部のジョン・J・レイティ教授によると、運動をすることで、記憶や言語などを司る脳の前頭葉が活性化し、脳の神経成長因子が35％も増え、成績が上がると言います。定期的なヨガやジム通いなどをToDoノートで習慣化していくといいでしょう。

―― マッサージ

- [ ] マッサージを予約する
- [ ] 19時〜アロママッサージ

　運動はハードルが高いと感じるときは、マッサージがおすすめ。整体やアロママッサージで、サクッと体の疲れを取りましょう。リラックス効果も抜群です。

第4章

24時間を
ムダにしない
「時間活用」の仕組み

これまでムダになっていた時間を 勉強時間に大改造!

「忙しくて勉強する時間がない」

そんな悩みを解決するには、どうしたらいいでしょうか?

働きながらだと、勉強部屋で机に向かう時間はなかなか取れません。そもそも、体力的・精神的に、机に向かう気力は湧きにくいのではないでしょうか?

しかし、たとえ社会人でも、ムダな時間を洗い出し、それらを勉強時間に「大改造」することで、じつは毎日かなりの時間を勉強に使うことが可能です。

たとえば、出社前・退社後の時間や昼休み、電車での移動時間、病院の待ち時間、自宅で家事をしている時間や何もしないでいる時間などは、1つ1つは短くても、総量は膨大なものになっているはず。もし、それらの時間を勉強時間に変えられたなら、どうでしょうか?

たとえ30分でも、毎日勉強する習慣をつくれたとしたなら……

1ヶ月で15時間、1年なら180時間もの勉強時間がつくれる計算になります。これは、もし本1冊を3時間で読み終える人なら、1ヶ月で5冊、1年で60冊読めるということです。

それが2年、5年、10年、20年と積み重なると……その勉強量の差は、だれから見ても明らかです。たとえいまの時点で学歴やキャリア、才能などが不足していたとしても、それだけの

勉強時間はそれを補うに余りあると言えるでしょう。

　それに、いつ、どこにいても学ぶことができ、あらゆる瞬間に成長し、レベルアップできる——そんな充実した毎日を送れるとしたら、こんなに素晴らしいことはありません。

　あなたも、与えられた24時間をフル活用し、これまでムダになっていた時間を勉強時間に「大改造」してみませんか？

　どの方法も、かんたんに楽しみながらできるものばかり。ぜひ試してみてください。

- 朝時間、昼休み、退社後、休日……あらゆる空き時間をカフェでの勉強に使う
- 電車、病院、ジム……外出時のスキマ時間をフル活用
- 「ながら勉強」で自宅での勉強時間がみるみる増える
- 自宅勉強がはかどる環境のつくりかた

朝時間、昼休み、退社後、休日……あらゆる空き時間をカフェでの勉強に使う

○ 東大の教授にとってもカフェは秘密のスポット

　まとまった勉強時間を確保するために、一番に試していただきたいのが、出社前の朝の時間、昼休みのランチ後の時間、退社後や休日の時間など、**まとまった空き時間に「必ずカフェに行って勉強する」**というシンプルな習慣をつくることです。

　私はこれまで、勉強時間の大半をカフェで過ごしてきました。もともと自宅や図書館、自習室で勉強していたところを、カフェやファストフード店を積極的に利用するようになったことで、圧倒的に勉強時間が増え、集中力も上がりました。学生時代に偏差値30台から東大に逆転合格できたのも、カフェを活用したからです。

　自宅で勉強しようとするとついリラックスしてダラダラしてしまうのと比べ、カフェには次のように多くのメリットがあり、長時間集中して勉強できる環境が整っています。

——「適度な雑音」により集中力が高まる

　カフェでは、お店の音やほかの客の声などが聞こえます。ある研究によると、環境音には集中力を高める効果があるといいます。音がなくて静かな場所よりも、カフェのように少し雑音のある環境のほうが集中しやすく、勉強もはかどりやすいのです。

── 気持ちが切り替わる

家では勉強したくない時も、カフェに行くことで、「いまは勉強の時間！」と気持ちの切り替えができます。

── 誘惑が少ない

テレビなどの誘惑がなく、気が散らないので、集中して勉強できます。

── 気分良く勉強できる

カフェはコーヒーを飲みながらくつろぐ場所なので、居心地の良い空間になっていることが多く、気分良くリラックスして勉強できます。

── 食事やドリンクが提供される

カフェでは、美味しい食事やドリンクが提供され、勉強中の楽しみや気分転換になってくれます。コーヒーやカフェラテなどのカフェイン入り飲料は、眠気覚ましにも効果的です。

── 店舗数が多く、営業時間も長い

図書館などと比べて、全国各地どこにでもあり、営業時間も長いので、気が向いたときに勉強しやすいです。

私がカフェで勉強することの威力を確信したのは、東大教授たちとの雑談でした。学問の頂点に立つ東大の教授たちでさえも、時間が空いたときは、大学周辺のカフェに立ち寄り、授業や論文の準備をしていると話していたのです。東大教授でさえも、カフェは、勉強がはかどる秘密のスポットなのです。

「空き時間があれば、とりあえずカフェに入る」

たったそれだけのことで、魔法のように1日が変わります。

勉強しやすいカフェを見つけて 「カフェマップ」をつくる

カフェを勉強場所としてフル活用するには、「カフェマップ」をつくるのがおすすめです。自分が勉強しやすいカフェを見つけて、メモしておくか、しっかり記憶にとめておくようにするのです。具体的には、自宅や職場の近くで、次のようなカフェをチェックしておくといいでしょう。

- 雰囲気が気に入っていて何となく居心地がいい
- 店内がうるさすぎない（混雑していない、おしゃべり目的の客よりも勉強目的の客が多いなど）
- 早朝や夜遅くまで空いている
- 長居しやすい雰囲気がある
- 席が空いていてテーブルが広々と使える
- 椅子の座り心地がいい
- 好みのメニューがある

カフェマップ

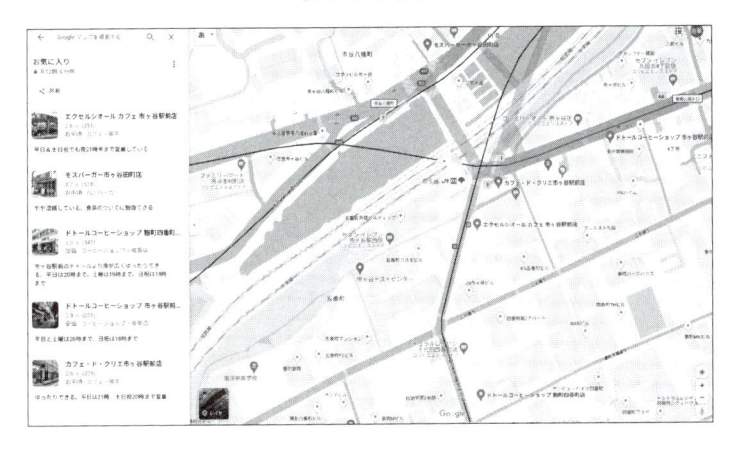

そのほかのポイントを挙げておきます。

── エリアごとに何店舗か候補を持っておく

勉強用カフェは、自宅や職場の近隣エリアに加え、会社の最寄り駅〜自宅の最寄り駅の通勤経路や、よく行く商業施設や病院、美容院の近くなど、さまざまな場所でいくつか持っておくと便利です。その時々の気分や注文したいメニュー、混雑具合によって選べるようにするためです。

私は、さまざまなエリアに、それぞれ3〜4店舗ほど、勉強用カフェを持っています。

──「○○のとき用のカフェ」をつくっておく

曜日や時間帯に合わせて、最適なカフェをつくっておくのも効果的です。

私の場合、夜遅くまで開いているカフェを「夜遅くまで勉強するとき用のカフェ」としたり、とあるオフィス街にあるいく

つかのカフェを「休日や平日夜用のカフェ」としたりしています。そのオフィス街には商業施設が少なく、平日夕方まではオフィスワーカーでごった返していても、夜になるとびっくりするほど空き始めたり、休日はガラガラだったりして、絶好の勉強場所になっているためです。

—— 客層を意識する

カフェでの勉強の効率には、客層も大きく影響します。

私は、東大周辺のカフェを重宝しています。東大付近のカフェは、東大の学生や院生などが勉強に使っていることがよくあり、会話目的で来ているお客さんの中にも学術論文などの話をしているお客さんが多いため、そこに入るだけで自然に勉強モードになれるからです。

◯ 週末は「カフェ巡り」で長時間学習

平日のスキマ時間はもちろんですが、予定の入っていない休日にこそ、カフェでの勉強がおすすめです。というのも、まとまった時間があるように見えるときこそ、家にいると油断してついダラダラしてしまいやすいからです。

しかし、休日に1つのカフェで勉強し続けるのには限界があります。1つのカフェに長時間居座るのはマナー違反ですし、居づらいからといって短時間で切り上げてしまってはもったいないです。

「切り上げて自宅に帰ったら、結局ダラダラして全然勉強できなかった……」

となってしまっては残念ですし、せっかく出かけたのだからその勢いで少しでも長く勉強していたいところです。

そんな悩みを解決するのが、複数のカフェを梯子する「カフェ巡り勉強法」。「カフェマップ」をもとに、勉強しやすいカフェを渡り歩いて勉強する方法です。

「カフェ巡り勉強法」には、次のようなメリットがあります。

—— 定期的に勉強場所を変えることで、集中力が持続する

「集中力が切れてきた」「飽きてきた」タイミングで別のカフェに移動するようにすることで、気分を切り替えられ、集中力を持続できます。「場所を変える」ことで脳が刺激を受けて活性化する効果があることは、科学的にも証明されています。

—— 移動中にも気分転換できる

場所を変えるメリットは、「移動中に気分転換できる」ところにもあります。カフェまでの道のりを散歩することで、脳の血流が良くなり、脳が活性化します。これにより、目的地のカフェに着いたときには、すでにかなり気分転換できているというわけです。

移動中は、イヤホンで音楽を聞くのもおすすめです。音楽を聞くことで副交感神経が働き、リラックスできるため、気分転換になります。

ちなみに、「カフェ巡り」は金銭的負担が大きいと思う場合には、カフェ→図書館→カフェ→図書館……のように**「カフェ巡り」のスポットに図書館などを加えてみる**といいでしょう。

○「勉強ができる人のカバンの中身」とは？

　カフェで勉強するときに課題となるのが、「カバンに何を入れるか問題」です。自宅勉強とは違い、その都度必要なものを調達できないので、あらかじめ何を勉強するのか決めておき、カバンに詰めておく必要があります。

　勉強道具を用意するときのポイントは2つ。1つは空き時間の「長さ」に応じた勉強道具を用意すること、もう1つはカバンが重くなりすぎないように配慮することです。

── 空き時間の「長さ」から勉強道具を決める

　その日のスケジュールから、カフェで勉強できるのが15分くらいの比較的短い時間なのか、2時間以上といった長い時間なのか、その間くらいなのかを判断し、用意するものを決めます。

【例】
- 15分くらいの短い時間しかとれなさそう
  →一問一答などかんたんな問題集

- 2時間以上といった長い時間がとれそう
  →模試や過去問

- 中間くらい
  →じっくり解くタイプの問題集、まとめノートづくりをするためのノートと参考書

—— カバンが重くなりすぎないようにする

　会社帰りにカフェで勉強する場合、カバンには普段の持ち物に加えて、勉強道具も持ち歩くことになります。そこで生じるのが「カバンが重すぎる問題」です。カバンがパンパンになり、重すぎて行き帰りだけで疲れやストレスにつながるならば、肝心の勉強に集中できなくなって元も子もありません。また、その日にやるべきことがぼやけてしまい、結果的に勉強の効率が下がってしまうことも。

「ほかの人はどうしているんだろう……？」

　そう思ったときに気づいたのが、**勉強ができる人のカバンは、意外にも「勉強量に比して重くない」**ということ。本人たちによると、「ムダなことは極力省くようにしたいから」とのこと。
　私は受験生時代、この言葉にハッとさせられて以来、カバンの中身をできる限り軽量化することにしています。「あれもこれもやろう」ではなく、**「このくらいの空き時間があるからこれをやろう」**と潔く決断することが大切です。

筆者のカバン

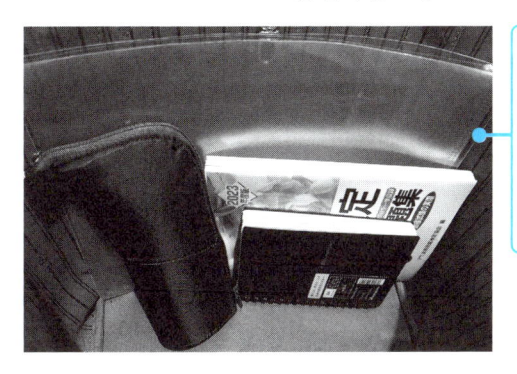

●大きめのカバン
過去問など大きめの本も難なく入れられるビッグサイズのカバンがおすすめ！
東大でも、リュック率やトートバッグ率は高めです。

カバンの中身

●ダブルポケットのクリアファイル
本やノート以外に、書類やプリント、赤シートなどがある場合は入れておきましょう。
左右に2つのポケットがついたダブルポケットのクリアファイルは、片方は仕事用、片方勉強用などというように、用途に応じて分けられて便利です。

●教材
参考書や問題集、過去問、ノートなどは、空き時間の「長さ」により何を入れるかを決めましょう。何冊も入れて重くなり過ぎないように注意。

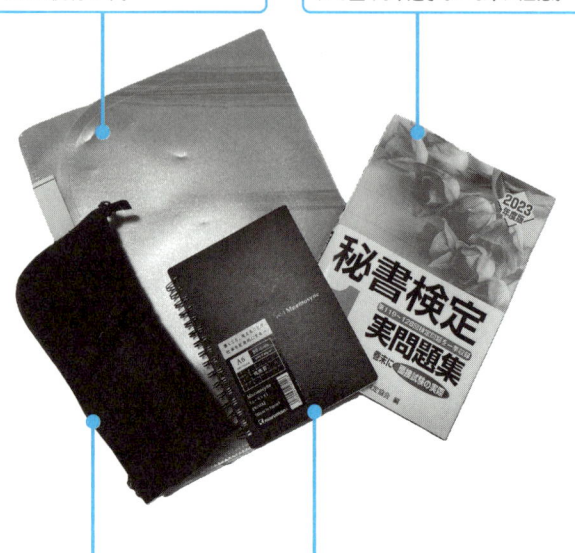

●ペンケース
コクヨの「ネオクリッツ」を使用しています。
ファスナーを開けて上部をめくるとペンスタンドになるペンケースで、カフェでの勉強で狭めの席しかとれなかったときも、省スペースで置けて広々と勉強できます。十分な容量ながらスリムなフォルムで、カバンの中でもかさばりません。
東大の友人の間でも人気！

●ToDoノート
やりたいことを記入するToDoノートはマスト！
第2章で紹介したマルマンの「ニーモシネ　行動予定表　A6」を使用しています。

ペンケースの中身

5色ペン（2本）：パイロット「ハイテックCコレト」。
書き心地が滑らかで発色がきれいな「ゲルインク」のペン。カラバリが豊富で、赤シートで隠せるオレンジ色やピンク色もあります。ペン先は0.5mmが書き心地が良く、かすれが出なくておすすめ。
2本あると色が出なくなったときも安心。

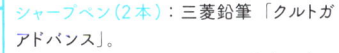

シャープペン（2本）：三菱鉛筆「クルトガアドバンス」。
書き心地が良いうえにきれいな文字が書ける設計で、テンションが上がります。
2本持っておくと、壊れたときも安心です。

油性ボールペン：三菱鉛筆「ジェットストリーム」。
勉強でノートを取るときなどに「シャープペンよりもボールペン派」の人は、こちらをどうぞ。クセになる滑らかな書き味で、書くモチベーションが上がります。

消しゴム：トンボ鉛筆「MONO消しゴム」。
定番商品ですが、やはりおすすめです。消しやすく、消し心地も◎。

シャープペン替え芯：パイロット「ネオックス・グラファイト」（0.5B）。
滑らかに書けて折れにくいです。

修正テープ：トンボ鉛筆「MONOpocket」。
かさばるイメージの修正テープですが、これならペンケースにすっぽり入るサイズで、おすすめです。

マーカーペン：三菱鉛筆「プロパス・ウインドウ」、ゼブラ「マイルドライナー」。
「プロパス・ウインドウ」は、ペン先に窓がついていてはみ出し知らず。「マイルドライナー」は、穏やかな色合いできれいな線が引けます。

電車、病院、ジム……
外出時のスキマ時間をフル活用

　通勤電車の移動時間、病院や約束の待ち時間、ジムで走っている時間……外出の時間も、工夫次第で絶好の勉強時間に変えられます。自宅とは違い、遊ぶ誘惑のないこれらのスキマ時間は、勉強に集中するチャンスです。

「電車は混んでいるから、勉強しづらいのでは？」
「病院の短い待ち時間で、できることなんてあるの？」

　そう思われるかもしれません。しかし、あらかじめ効果的な勉強メニューを準備しておけば大丈夫。なるべくコンパクトで持ち運びしやすい勉強道具を用意し、常に持ち歩いてみましょう。カフェで勉強するほどのまとまった時間がないときも、普段の何気ない時間を勉強時間に大改造できちゃいます。

○ 外出時間には「読む」「覚える」勉強を

　通勤電車や病院の待合室などでは、記述問題を解いたりノートをつくったり、「書く」勉強は向いていないかもしれません。しかし、次のように、教材やノートを広げて「読む」勉強なら可能です。

- 参考書や問題集を「読む」
- まとめノートを「読む」

「スキマ時間に読みたい教材」をあらかじめカバンに入れておきましょう。

—— 参考書や問題集

第3章で、参考書や問題集の読み方として「3段階読み」を紹介しましたが、同じ教材を何度も読むのは、時にだるくて退屈なもの。ほかにやることもなく、モチベーションを上げやすいスキマ時間にやるのがおすすめです。

特に、一問一答問題集は、電車などでも「問題を解きながら」読むことができ、おすすめです。

—— まとめノート

第3章で紹介した「東大式まとめノート」の肝の1つは、赤シートを活用し、復習を繰り返すことにあります。しかし、問題集や過去問など、ほかの課題も山積みな中で、覚え直しの暗記時間を捻出するのは意外と大変です。

そこで、外出時のスキマ時間を、この覚え直しの時間（赤シートでキーワードを隠して暗記する時間）にしてみてはいかがでしょうか？ 暗記時間が定期的に捻出できます。

○ 「多機能ペン」をカバンの内ポケットに 1本常備しておく

先ほど電車や待合室では「書く」勉強は不向きだと述べましたが、教材やノートを「読む」「暗記する」勉強をしながら、

かんたんなメモを取ったり、マーカーを引いたりしたくなることは多いのではないでしょうか？

でも、**電車内などでペンケースから文具を出し入れするのは面倒ですし、周囲の迷惑になりそうで気が引けますよね。**

そこで、「多機能ペン」をカバンの内ポケットに1本常備しておくのがおすすめです。

おすすめの多機能ペンを3つ紹介します。

―― トンボ鉛筆「MONOgraph」

「MONO消しゴム」を搭載したシャープペンです。消しゴムは長さ30mmで、替え芯もあるので、たっぷり使えて安心です。

── パイロット「ハイテックCコレト」

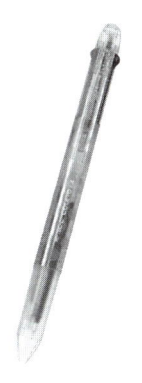

　5色までレフィルを選べるカスタマイズ型の多色ペン。レフィルには、赤シートで文字が消せる「オレンジ色」や「ピンク色」などもあり、役立ちます。

── サンスター文具「Ninipie（ニニピー）」

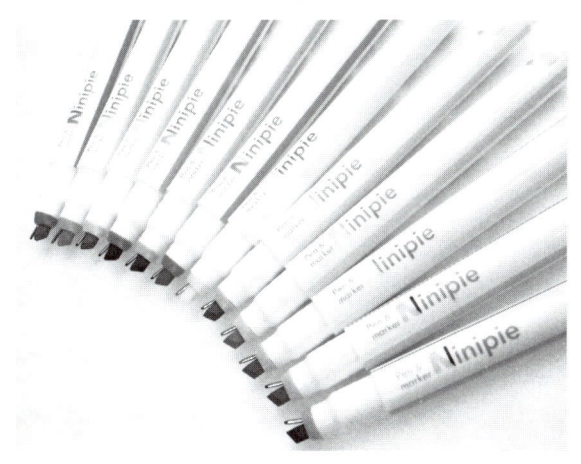

　「書く」と「引く」が1つのペン先になっています。参考書や

問題集に「書き込む」ときと「マーカーを引く」ときとで、ペンを持ちかえる煩わしさを省いてくれます。

○ 「ひと駅の間に何を勉強する？」 通勤電車をゲーム的勉強空間に

外出時のスキマ時間学習の代表格と言えば、通勤電車での勉強なのではないでしょうか？

そんな通勤電車の隠れた魅力は、駅をタイマー代わりに使えるところです。到着までに経由する1駅1駅がタイマー代わりになり、時間を意識して勉強できるので、自然と集中力を高められます。

このようなメリットを利用し、**1駅ごとの勉強量を、ゲーム感覚でこなす**のがおすすめです。

たとえば、「会社に到着するまでに本や教材を1章分読み終えよう」という目標を立てたうえで、

「○○駅到着までに半分を読み終えよう」
「1駅で○ページ読もう」

などと駅ごとの目標を決め、1駅1駅、ゲームをクリアするように、集中して読み進めるのです。

また、「○○駅までは英語を勉強し、○○駅からはプログラミングの勉強をしよう」というように、**停車駅を時間管理に活用する**のもおすすめです。メリハリがつき、飽きずに学べるようになりますよ。

○ 「スマホ勉強」ならあらゆる学びが スムーズに

スマホはスキマ時間の勉強に欠かせない最強の武器です。勉強に役立つアプリを入れておけば、スマホひとつでいつでもどこでも勉強できます。

LINEやネットサーフィン、ゲームなど「スマホいじり」が習慣になっている人は多いですが、その代わりに、「スマホ勉強」をしてみてはいかがでしょうか？

勉強に役立つアプリを種類別に紹介していきます。

—— 学習用ゲームアプリ

学習用ゲームアプリは、楽しみながら手軽にできるので、スキマ時間の勉強にぴったりです。

たとえば、プログラミングを一から勉強したい社会人におすすめなのが「Progate(プロゲート)」。世界100ヶ国以上で300万人超のユーザーを持つプログラミング学習アプリです。

このアプリのすごいところは、子どもから大人まで、文系で、プログラミングになじみのない初心者にもわかりやすいようにつくられているところ。レッスンは、スライドを読んで知識を身につける→そのスライドに基づいたプログラムを実際に書いてみるという流れで進みますが、スライドはイラスト中心でわかりやすく、実践問題はスライドを見返しながら解けるので、サクサク進めやすいです。

Progate

—— 講義動画アプリ

　講義動画アプリがあれば、ビジネスに役立つ知識を手軽に身につけられます。

　たとえば、世界最大級のオンライン教育プラットフォームである「Udemy(ユーデミー)」は、ベネッセと提携していることもあり、日本での認知度も上がってきました。

　特徴は、何といっても幅広い講座が用意されているところ。Pythonや Java などのプログラミング言語、AI やデータサイエンス、Excel やパワポ、プレゼン資料作成術、財務会計やマーケティング、趣味や教養など、そのジャンルは多彩です。

Udemy

—— 英語動画アプリ

　英語学習アプリはたくさんありますが、一番のおすすめは、英語動画アプリです。たとえば、「Amazon Prime Video」や「Netflix」、「Disney+」などで見られる海外ドラマや、「TED」のプレゼン動画は、楽しみながら自然に英語を上達させられる、第一級の英語学習ツールです。これについては、第5章でくわしく解説します。

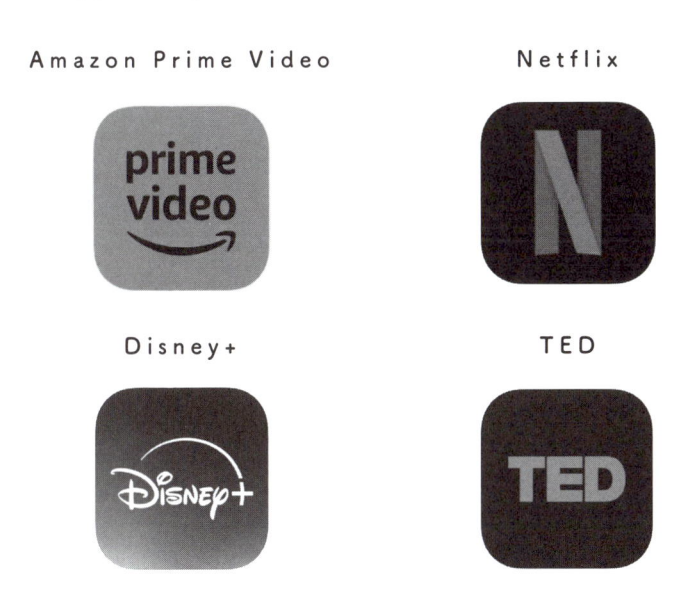

Amazon Prime Video

Netflix

Disney+

TED

—— 電子書籍アプリ

　スキマ時間学習の定番と言えば「読書」。「Kindle」のような電子書籍アプリなら、分厚い本でも荷物になりません。

Kindle

「Kindle」の良いところは、スマホ1つで何十冊という本を持ち歩けるところ、そして文章にマーカーを引ける「ハイライト機能」があるところです。マーキングしたいところを長押しし、そのままスライドして範囲指定するだけで、ピンク、青、黄色、オレンジの4色の中から選んで、マーカーを引けるので、重要箇所を一目瞭然にできます。

マーカーを引いた箇所は、「マイノート」のアイコンをクリックすると一覧で表示されるので、時間が経ってからも確認しやすくて便利。

「メモ機能」もついているので、本を読みながら考えたことや発想・アイデアがあれば、逃さずに記録できるのも良いところ。

また、ページ下部に「全体の何%までを読み終えたか」「読み終えるまでにあとどのくらいの時間がかかるか」を表示してくれる機能もついているため、「こんなにたくさん読めたのか」「あと〇分で読み終わる」というように、ゲーム感覚で楽しく読めるのも魅力です。読書へのモチベーションが上がります。

—— メモアプリ

最後におすすめしたいのが、メモアプリです。仕事からプライベートまで、さまざまな情報整理やアイデアメモに使えます。

中でも「Google Keep」は、メモの整理のしやすさやデザイン性、検索機能などに定評があり、おすすめです。

Google Keep

　特に便利なのが「画像メモ機能」。メモは、文字だけで書くよりも、写真画像やイラストも入れたほうが断然わかりやすくなり、後から読み返したときにイメージやアイデアも膨らませやすくなります。「Google Keep」なら、手軽に画像を挿入できるので、**あらゆるものが「スマホのカメラでパシャッと撮影するだけ」でメモできます**。ネットで見つけた情報や画像、本や雑誌、テレビの放送内容、街中や展示会で見つけた気になる商品や広告、紙に手書きしたアイデアや図・イラスト、尊敬する上司の作成したプレゼン資料など、何でもすぐにメモできてしまうのです。

　さらに、**画像に文章が入っている場合、アプリに搭載されている「OCR機能」でテキストデータに変換することもできます**。

　私の場合、仕事の企画やプレゼン資料のメモから、大学院での論文のネタ集め、育児情報や子どもとのお出かけスポットまで、Google Keepを幅広く活用しています。

「ながら勉強」で自宅での勉強時間がみるみる増える

「家にいるとダラダラしてしまって勉強できない……！」

　そんな悩みを抱えている人は多いのではないでしょうか？
　テレビやスマホ、スナック菓子や横になるソファなど、誘惑だらけの自宅では、なかなか机に向かおうという気にはなれないもの。また、家事や育児、食事やお風呂など、日常生活のこまごまとしたことをしているうちに、あっという間に時間が過ぎてしまいますよね。
　そこでおすすめしたいのが、家事や食事、テレビ視聴など、ほかのことをしながら同時に勉強もする「ながら勉強」です。「ながら勉強」を実践すれば、「机に向かわなければ……でもどうしても向かいたくない……」ともやもやしながら、結局何もせずに1日を終えてしまう、なんてことはなくなります。
　ここでは、今日からかんたんに実践できる「ながら勉強」の方法を紹介します。

○ 食事時間やくつろぎ時間にも「とりあえず本を開いてみる」

　自宅で勉強できない最大の理由は、家の中があまりに居心地が良く、ダラダラするのに適しているがゆえに「スタートを切

れない」ことにあるのではないでしょうか？

　そこで、ダラダラしたり、夕食や軽食を楽しんだりするのを諦めずに、同時並行で勉強をスタートしてみてはいかがでしょうか？

　まずは、机やソファの上に「とりあえず本を開いてみる」ことから始めてみましょう。ソファに寝転がったり、間食やお酒を楽しんだり、テレビをつけたりしながら、そのままの状態で教材をパラパラとめくり、気になるところを読んだり、問題を解いたりするようにします。**「最初は適当でもいい」と割り切る**のです。

　リビングの机に教材やまとめノートを置いておき、最初はテレビのCMの時間に勉強することから始め、徐々にやる気を高めていくのでかまいません。次第にやる気が湧いてきたら、テレビを消し、本格的に勉強し始めるようにすればいいのです。

　自宅で一気に勉強のスイッチをオンにするのは無理があります。夜遅くに家に帰って来て、ソファに寝転がったり、テレビをつけたくなるのは仕方のないことです。しかし、そのなかでも勉強も「少しずつ」始めることで、無理なく勉強モードに入れるようになります。

　この方法の良いところは、**家にある誘惑をすべて断ち切らなくてもいい**ところ。勉強への抵抗感がなくなり、最もストレスの大きい「勉強のスタート」をどんなときでも切りやすくなります。徐々に集中力を高めていくことで、無理に嫌々勉強するよりも、学習効率が上がりやすくなります。

ブックストッパー／ ブックスタンドを活用する

「ながら勉強」に役立つのが、ブックストッパーやブックスタンドです。本のページを手で押さえなくても開いたままにできるので、寝転がりながら、あるいは食事や軽食を楽しみながら、本や教材を読みやすくなります。参考書を見ながらまとめノートをつくるとき、問題集を見ながらメモ用紙の上に問題を解くときなど、さまざまな場面で役立つアイテムなので、ぜひ活用してみてください。

　おすすめは、サンスター文具の「ウカンムリクリップ」。分厚い本でも固定できますし、真ん中を隠さないので本の内容が見えなくなることもありません。クリップは力を入れずともガバッと大きく開き、使いやすいのも魅力です。

ウカンムリクリップ

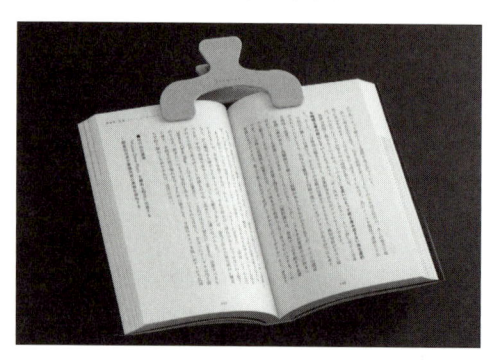

お風呂、トイレ、歯磨き、就寝前……
○ 日常のルーティンに付箋＆ウェアラブル・メモで「暗記」を組み込む

　お風呂や歯磨きなど、日常のこまごまとした時間は、じっくり勉強するのには向いていませんが、ちょっとした「暗記」になら有効活用できます。とはいっても、教材やまとめノートはこのような時間に取り組むには、かさばるし、お風呂なら水濡れしてしまいます。

　そこで役立つのが「付箋」と「ウェアラブル・メモ」です。やり方は、付箋やウェアラブル・メモに暗記したいことを書き込むだけ。付箋は部屋の壁やドアに**貼るだけ**、ウェアラブル・メモは**腕に巻くだけ**です。

　普段勉強していて「なかなか覚えられない」「苦手」と感じる用語などがあれば、書き込んでおき、日常のちょっとした時間に何度でも見るようにするといいでしょう。繰り返し目にすることで、記憶に残りやすくなります。

　特に、**就寝前の空き時間を積極的に活用**しましょう。就寝前に覚えたものは、寝ている間に短期記憶から長期記憶になり、日中に暗記したものよりも記憶に定着しやすいと言われています。そんなお得な時間帯を利用しない手はありません。

おすすめの付箋＆ ウェアラブル・メモ

―― スリーエム ジャパン
「ポスト・イット® 強粘着ノート 」

　粘着力が高いので、壁やドアに貼ってもはがれる心配があり
ません。

—— コスモテック「wemo(ウェモ)」

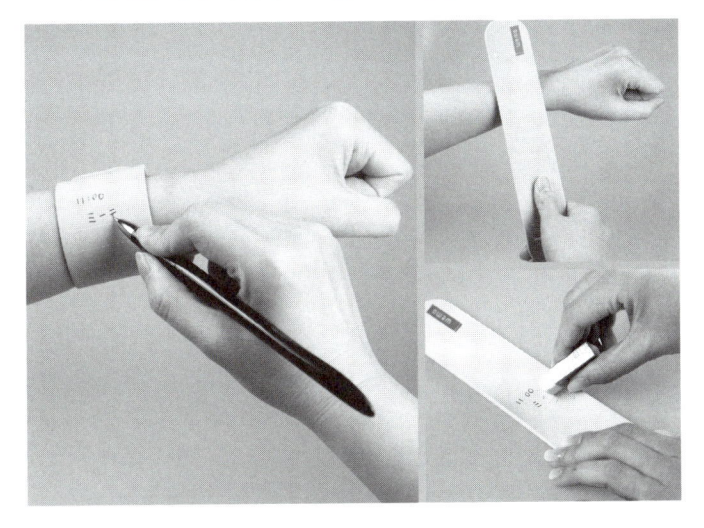

　ブレスレットのように手首につけられる、シリコンバンド型のメモ。油性ボールペンで書いた文字が、指や消しゴムでこすれば何度でも消せます。水に濡れても消えないのでお風呂でも使えます。

　看護師さんや製造・建設現場の方が現場で使えるように開発された商品ですが、暗記メモとしても大活躍します。日本文具大賞の機能部門優秀賞を受賞した優れもの。

料理、洗濯、掃除 …… 家事時間なら「BGM学習」を

料理や皿洗い、掃除や洗濯物をたたむ時間など、日々の時間の多くを占める家事時間。これらの時間に「ながら勉強」をするだけで、かなりの勉強時間を捻出できます。

家事時間に効率的におこなえる勉強はおもに2つ。1つは、先ほど紹介した付箋やウェアラブル・メモを活用した暗記学習。そしてもう1つが「BGM学習」です。

家事をしながら勉強しづらい理由は、「目が使えない」からではないでしょうか？　もちろん、横目で暗記付箋を見ながら少しずつ暗記学習をすることはできますが、何かとやりづらいですよね。オーディオブックを活用したり、洋楽やリスニング教材で英語学習したりと、**「耳」を使った勉強**がおすすめです。

—— オーディオブック

家事時間を、オーディオブックでの勉強時間にしてはいかがでしょうか？

たとえば、Amazonの「Audible」は、本1冊分くらいの金額で大量の本が聞き放題で、おすすめです。

さすがAmazonと言うべきか、ジャンルの幅は広く、小説やエッセイ、ビジネス書や自己啓発書、歴史や科学、ニュースなどの教養本、「スピードラーニング」などの語学学習がこれ1つでできてしまいます。

Audible

—— 洋楽

家事の時間に「作業用BGM」として音楽を流している人は多いと思いますが、その音楽を洋楽にすれば英語リスニングの時間にもなり、一挙両得です。

特に、「Amazon Music」など、画面に英語の歌詞が表示されるアプリがおすすめです。

Amazon Music

—— リスニング教材、講義動画

TOEICなど、リスニング教材を聞くのもおすすめです。

講義動画も、集中して視聴しているときと比べると頭に入りにくいかもしれませんが、**音声だけでも流れやキーワードは把握でき、何となく頭に残る**ので、普段の勉強の補強になります。

第4章 24時間をムダにしない「時間活用」の仕組み

自宅勉強がはかどる
環境のつくりかた

　自宅勉強の秘訣は、あらかじめ「集中できる環境」を家の中につくっておくことにもあります。では、どのような工夫ができるでしょうか？

○ 「好きな部屋」で勉強する

　自宅勉強は、自分が心から居心地良く過ごせる「好きな部屋」でおこなうことをおすすめします。「普段から長い時間を過ごしている部屋」と言い換えることもできるでしょう。

　たとえば、普段はリビングルームで過ごす時間が長く、就寝の時以外は自室にこもることがほとんどない人が、勉強部屋として自室を選ぶのはあまりおすすめしません。なぜなら、**部屋を移動することが1つのハードルとなってしまう**からです。普段居心地が良いと感じている環境から離れ、いつも過ごすのとは違う部屋で勉強するには、強い意志が必要となります。そのストレスは、勉強を開始しようというモチベーションを低下させてしまいます。1週間、1ヶ月、1年と勉強し続けるコツは、普段の日常生活の延長で、息を吸うように勉強できるようにしておくことです。

　最近では、教育業界でも「リビング学習」が注目され、「東大に行く子どもの多くがリビングで勉強している」という事実

も世間に知られるようになってきています。大人の勉強も同じです。

○ 「スタメンバッグ」と「ベンチ入りバッグ」を用意する

勉強道具を取り出しやすくすることも大きなポイントです。私の場合、勉強場所であるリビングルームに紙袋を2つ置いています。1つは「スタメンバッグ」、もう1つは「ベンチ入りバッグ」です。

野球やサッカーなどでは、試合に先発出場する選手のことを「スタメン」、試合開始時は控えとして待機している選手のことを「ベンチ入り」と呼びますが、それと同じように「スタメンバッグ」には「作業中の勉強道具」、「ベンチ入りバッグ」には「作業中でないが、後々必要となるかもしれない勉強道具」を入れます。具体的には次のとおりです。

── スタメンバッグ

- いま現在取り組んでいる参考書・問題集・ノート
- ペンケース
- その日のやることリスト（ToDoノート）

── ベンチ入りバッグ

- 過去に取り組んだ参考書・問題集
- 今後取り組みたいと思っている参考書・問題集
- 辞書

「スタメンバッグ」で「いまやりたい勉強道具」を一瞬で取り

出せるようにしておくことで、**勉強のスタートが切りやすくなります。**

　また、「いますぐにはやらないが、いつかやりたい」「調べものをするときに参考にしたい」と思っている本や問題集などは「ベンチ入りバッグ」に入れることで、必要になったときに**「あれ、どこだっけ？」と部屋中を探す手間が省けます。**

○ モチベーションを高める「トリガー」を設置する

　誘惑だらけの自宅では、やる気を出すのは至難の業です。そこで、モチベーションが高まる「トリガー」（引き金）を設置しておくと役立ちます。次のようなものです。

- やる気を高めてくれる音楽
- 集中力アップ効果のあるアロマ
- ずっとそこに座っていたい気にさせてくれるマッサージ機能つきクッション
- カフェイン飲料やエナジードリンク

「トリガー」は、自分の好みや目的に合わせて選びましょう。

第 5 章

今度こそ
"英語ペラペラ"
"TOEIC900点
超え"が叶う
「英語学習」の仕組み

英語がみるみる上達する
「たった1つの方法」

「学生時代に教わった英語が、なかなか実践で使えない」
「英文を読んでも、単語や文法がわからない」
「英会話スクールに通っても、ネイティブの話すスピードについていけず、話したいことをうまく表現するのも難しい」

　英語を勉強するのは辛いものだと思っていませんか？
　それは大きなまちがいです。私は、学生時代から英語が苦手でしたが、学習法を変えた結果、「留学・海外赴任経験ゼロ」のままで、仕事と両立しながら次のようなことができるようになりました。

- 自己紹介さえできないところから、Googleの海外法人に勤めていたことのある英会話講師から「海外のGoogleでも社員平均以上に話せるレベル」と言われるほどに成長
- 海外のテレビ番組を見て、内容が概ね理解できる
- 新聞・雑誌やインターネットなどの英文記事をスラスラと読めるようになる
- 英文のビジネス書類やメール、論文の読み書きがスラスラとでき、英語ライティング試験で5段階のうち最高位の「海外赴任レベル」に到達
- TOEICで950点超をマークする

ここまで上達できた秘密は何か？　それは、**英語の「楽しい学習方法を見つける」**ことができたからです。

英語を身につけるのに欠かせない一番重要な要素は「練習量」です。考えてできるようになるものではないので、とにかくたくさん練習する以上の近道はありません。そして、「練習量」を積み重ねるには、「楽しい学習方法を見つける」ことで、英語を日常の中に組み込むことが必要不可欠なのです。英検やTOEICのような資格でさえ、試験対策の勉強をする前に、「楽しい学習」をおこなうことが一番の近道です。

私自身、かつては受験英語の勉強法を引きずり、英語がまったく話せるようになりませんでした。英検やTOEICの結果も散々でした。そんな私が変われたのは、**周囲の英語ができる人の中で、英語を「勉強」している人はほとんどいない**と気づいたことでした。

「大好きな洋画や海外ドラマを見ていたら上達した」
「外国人の彼女ができて上達した」

など、趣味の延長で英語学習していると気づいたのです。

そして、そのタイミングで、NHK Eテレの「おとなの基礎英語」という語学番組や、お気に入りの海外ドラマに出会いました。毎日楽しく見ているうちに、英語が普通に聞き取れるようになっている自分に気づきました。やがて、生まれてはじめて英語で夢を見るようになり、日常の話したいことが日本語より先に英語で頭に浮かんでくるようにもなりました。

それもそのはず。大好きな番組なので、家や外出先、電車の中など、暇さえあれば見ていたからです。次から次へと見ているうちに、**自然と英語のシャワーを浴びていた**のです。

その後も、英字新聞や洋書を楽しんだり、それまで家族や友人と楽しんでいたおしゃべりをそのまま英会話スクールでするようにしたり、英語日記にハマったり……。英語を日常の中に組み込み、「練習量」を増やしたことで、短期間で嘘のように英語が上達しました。

　この章では、そんな経験を踏まえ、英語の5つのスキルを楽しみながら伸ばす方法を紹介します。

- 英単語は「単語帳」「語源」「文章」で覚える
- リーディング力は「多読」で劇的に変わる
- リスニング力アップの秘訣は「多聴」にあり
- スピーキング力は「ストック」のインプット＆アウトプットで上げる
- ライティング力は「書き写す」ことで高まる

英単語は「単語帳」「語源」「文章」で覚える

　英語力アップに欠かせないのが「英単語力」です。英単語力があるほど理解できる英文の幅が広がりますし、アウトプットできる英語のレベルも上がっていきます。ここでは、英単語の3つの覚え方を解説します。

- 「単語帳」で覚える
- 「語源」で覚える
- 「文章」で覚える

○「単語帳」で覚える

　ベースとなる基本単語は、やはり地道に単語帳で覚えていくことになります。英単語帳で単語を覚えるときのポイントは次のとおりです。

──①「例文つきの単語帳」を選ぶ

　例文つきの単語帳があれば、英単語の意味だけでなく、その使い方やニュアンスも理解しながら覚えられます。
　おすすめは、アルクの「キクタン」シリーズです。このシリーズは、わかりやすい例文がついているのはもちろん、学びたいジャンルに応じて豊富なラインナップが用意されているのも

魅力です。

- 日常会話ですぐに使える英単語を集めた「キクタン英会話」
- ビジネス英語をマスターできる「キクタンビジネス」
- ニュース英語に特化した「キクタンニュース英語」
- 資格対策になる「キクタンTOEIC L＆Rテスト」「キクタン 英検」

キ ク タ ン 英 会 話

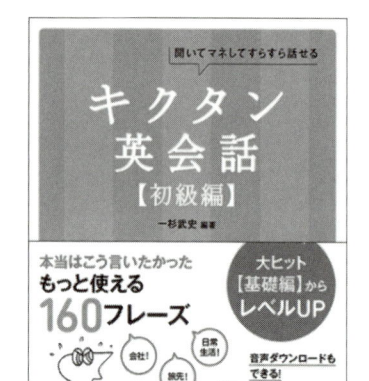

── ②「日本語→英語」ではなく「英語→日本語」で 覚える

「日本語から英語」の流れで覚えると、リーディングやリスニ ングで英単語が出てきても、それに合う日本語が思い浮かばな いことがよくあります。「英単語を見て日本語の意味を言う」 という流れで覚えると、そうはなりません。

── ③ 発音は「カタカナ英語」で覚える

　発音まで明確に覚えようとすると、英単語の暗記が大変すぎて、泥沼になってしまいかねません。まずは「カタカナ英語」で覚えて、ボキャブラリーを増やすことを優先しましょう。大切なのは、発音よりも、相手の言っていることを理解でき、こちらの言っていることを表現できるようになることだからです。たとえば、[ɑ][æ][ʌ][ə] は、最初はどれも「ア」で覚えてしまって問題ありません。

── ④ まずは「1つだけ」覚える

　英単語は1つの単語に複数の意味がある場合がほとんどですが、最初からそれらの意味をすべて覚えようとすると、混乱して1つも覚えられないなんてことも。まずは「これ」という1つだけを、例文と一緒に覚えることから始めましょう。

○ 「語源」で覚える

　少し覚えづらく見える単語も、「語源」をヒントにすると覚えやすくなります。
　たとえば、「distribute」（配る）という単語なら

dis + tribute

と分割し、その語源から覚えてみましょう。

- tribute　→　「捧げる」という意味
  （よく音楽で「トリビュート」という言葉が使われますね）
- dis　→　「離れる」という意味

あわせて「分けて与える」「分配する」という意味になります。

「語源」を覚えることのメリットの1つは、**ほかの単語も同時に覚えられる**こと。「tribute」1つ覚えてしまえば、「tribute」のつくほかの単語も、ひとまとめで覚えられます。

- attribute　→　at(〜へ、〜に) + tribute
  →原因を〜に捧げる
  →〜のせいにする

- contribute　→　con(ともに) + tribute
  →みんなで捧げる
  →寄付する、貢献する

- retribute　→　re(再び) + tribute
  →再び捧げる
  →返礼として与える

　語源はインターネットでもかんたんに調べられますし、ベストセラーになった『英単語の語源図鑑』（かんき出版）など語源学習をテーマにした良書も出ているので、参考にしてみましょう。

英単語の語源図鑑

○「文章」で覚える

　ある程度、力がついてきたら、「文章」の中で英単語を覚えましょう。同じ単語でも、**さまざまな文脈の中で何度も触れる**ほうが、いきなり1問1答で覚えるよりも暗記しやすいです。文脈の中でイメージを理解することで、「どんな意味だっけ？」と疑問に思ったり、好奇心をもったりするので記憶に残りやすいのです。日本語訳だけではニュアンスが理解しづらい単語も、本来の意味やニュアンスがつかみやすくなります。

　次に紹介する「多読」（大量の文章を読むこと）や、「多聴」（大量の英語音声を聞くこと）に挑戦してみましょう。単語帳や単語カードで苦労して覚えなくても、「多読」や「多聴」をおこなうことで、楽しみながら大量に覚えることが可能になります。

リーディング力は「多読」で劇的に変わる

○ 多読が効果的な3つの理由

　英語の文章をスラスラ読めるようになるには、どうすればいいでしょうか？

　その秘訣はただ1つ、「多読」です。「多読」とは、自分のレベルに合った英語教材を、**辞書を引かずに、どんどん読んでいく**ことです。

　なぜ「多読」が効果的なのでしょうか？　それは、英語のリーディング力を高める3つの要素、「単語力」「英文理解力」「速読力」を効率的に鍛えられるからです。

—— 単語力

　単語は、文章の中で**何度も繰り返し目にする**ことで覚えやすくなります。特に、抽象度の高い単語は、さまざまな文脈で目にすることで、そのニュアンスや使い方の本質を理解できます。

—— 英文理解力

　たくさんの英文を読むのに慣れることで、長い文章や、知らない単語・文法を前にしても、英語を英語のまま理解する力が身につきます。また、**英語圏の文化・社会で共有されている一般常識が身につくこと**も、英文理解の一助になります。

── 速読力

　多くの人は、学生時代の英語の授業の弊害で、数ページの短い英文を、単語の意味や文法構造を1つ1つ読み解きながら読み進めることに慣れています。しかし、実践の場面で役立つのは、英単語や英文法で少しわからない部分があっても、**「全体として何が書かれているのか」を短時間で捉える**力です。この力を伸ばすには、特定の文章を丁寧に読み込むよりも、さまざまな文章を大量に読む訓練が必要です。

「多読」の対極にあるのが、わからない単語を逐一辞書で調べ、何度も読み直すことで文法や構造をとる「精読」です。「精読」も、単語や文法の勉強にはなりますが、1文1文を読むのに時間がかかってしまいますし、辞書を引くのに多くの時間が奪われてしまいます。

○ 「日本語訳つき英字新聞＆小説」を選ぶ

「多読」を勧める英語学習本は多いですが、そこで必ず書かれているのがこんなアドバイスです。

「多読するには辞書を引かないこと」
「辞書を引かずに内容を文脈から想像して読んでください」

　しかし、これは英語上級者向けのアドバイス。知らない単語だらけで、英文を読むのにも慣れていないのに、いきなり辞書なしで強行突破しても読み進められるわけがありません。
　そこで、辞書を引く時間を省き、立ち止まることなく「多読」を実践できる、「日本語訳つき英語教材」を活用するのが

おすすめです。

　ちなみに私は、次に紹介する教材＋試験対策だけで、TOEIC950点超や英検1級の1次試験合格を叶えることができました。

── 英字新聞「The Japan Times alpha」

　ジャパンタイムズが発行する、週刊の英語学習紙。国内・海外の主要ニュースが、英語学習者向けに読みやすく、わかりやすく、楽しく書かれています。ニュース以外にも、コラムやエッセイ、旅行記事、映画、心理テストや占いなど、豊富なジャンルの記事があり、充実しています。

　英語学習紙は、ほかにも「Asahi Weekly」や「Yomiuri Weekly」があります。私の場合、英字新聞専門の会社であるジャパンタイムズから出ている「The Japan Times alpha」が内容や読みやすさの面で一番合っていましたが、好みにより選んでみるといいでしょう。

　新聞の良いところは、単語や文法が実用的なところです。文学作品と比べて、実生活では絶対に使わないような難単語や格調高い英語表現、現地ではおじいちゃんおばあちゃんしか使わないような古い言い回し、若者言葉やスラング、方言がないので、読み進めやすいです。実生活で使える英語力や、資格取得に向けた英語力を身につけたいのなら、英字新聞は最適です。

The Japan Times alpha

——ＩＢＣパブリッシング「ラダーシリーズ」

　英語学習者のために、有名な文学作品やエッセイを読みやすく編集したシリーズで、100冊以上の豊富なラインナップがあります。

　このシリーズの魅力は、巻末に「Word List」というページがあり、本文中に出て来る重要単語の意味がリストアップされているところです。わからない単語があってもすぐに確認できるので、辞書なしで読み進めようとして、流れが追えなくなる心配もありません。

　英検４級レベルのLevel1から、英検準一級レベルのLevel5までレベル別になっているので、自分のレベルに合わせて選ぶことができるのもポイントです。

　本は、自分の好みで読みたい内容のものを選ぶといいでしょう。あくまで「多読」が目的なので、自分の英検やTOEICの

レベルよりも低いものでも、どんどん読んでいくことをおすすめします。

　私の場合、アガサ・クリスティーの探偵物や、『風と共に去りぬ』、『高慢と偏見』、『江戸川乱歩傑作選』、『スティーブ・ジョブズ・ストーリー』などを、自分の興味に合わせて読みました。

スティーブ・ジョブズ・ストーリー

○　多読の3つのポイント

　これらの教材を読み進めるときのポイントは3つあります。

──①「短期間」で読み終える

「多読」のポイントは、とにかくたくさん読むこと、そして読み続けることです。期間を決めて、必ず短期間で読み切るようにしましょう。

　特に英字新聞の場合、読み切れずに終わったバックナンバー

がたまってしまうと、どんどん負担になり、読めなくなってしまいます。**次の号までに読み切る**ようにしましょう。

「The Japan Times alpha」なら、週刊なので必ず1週間で読み切ります。「ラダーシリーズ」も、「1週間に1冊」のように締切を決め、必ず読み終えるようにしましょう。

—— ②丁寧に読む箇所と、読み飛ばす箇所をつくる

短期間で読み切るには、興味がない箇所や、読みづらいと感じる箇所は思い切って読み飛ばし、興味のある箇所や読みやすいと感じる箇所は丁寧に読むというように、**緩急をつける**ことが大切です。

たとえば、「The Japan Times alpha」でいうと、私の場合、興味のないスポーツ記事や、映画の脚本を書きおろしたコーナー（スラングが多く読みづらい）、読みづらいと感じた一部のエッセイは、ほぼ読み飛ばしていました。代わりに、政治やエンタメのニュース記事や、お気に入りのエッセイは、丁寧に読んでいました。

—— ③単語はすぐに答えを見て、あまり考え込まずに読む

わからない単語や文法で立ち止まることなく、できる限り、速く読むようにしましょう。

「The Japan Times alpha」や「ラダーシリーズ」には単語の意味が載っているので、**わからなければすぐに答えを見る**ようにします。答えが載っていない単語については、なるべく読み飛ばしましょう。

◯ 「英文書類」「英語論文」もスラスラ読める ようになるリーディング4つのポイント

　日本語訳つきの教材で力をつけてきたところで挑戦したいのが、ネイティブ向けの読み物です。しかし、ネイティブ向けの読み物は、単語や文法はもちろん、知っておかなければならない背景知識のレベルもぐんと上がります。ネイティブ向けの読み物をスラスラ読めるようになるためのコツを4つお伝えします。

── ①「くわしく知っているテーマ」を読む

　普段から読み慣れているものを英語で読むと、背景知識があるので、わからない単語や文法に出会ったときにも、**文脈から内容を推測しやすい**です。自分が本当に知りたいと思うことのために読むのなら、負担になりにくいですし、楽しみながら自然とたくさんの英文を読めるようになり、リーディング力も自ずと上がってきます。

　私の場合、海外セレブのゴシップ記事や、自分が特に専門としている分野の英語論文などを選りすぐって読むようにしています。

── ②「日本語訳」のあるものを読む

　翻訳版を読んだことのある洋書や、日本の小説やマンガの英語版など、日本語で読んだことのあるものを読むと、内容がわかっているので、読むのにストレスが少なく、内容や単語も予測しながら読めます。

　また、Web記事なら翻訳アプリの**「DeepL」で日本語訳を読んでから読む**のもおすすめです。私は、難易度の高い英語論文

は、はじめにDeepLの日本語訳を読んでから、英語で読むようにしてきました。DeepLは、いま最も精度の高い翻訳アプリと言われており、専門家が訳したような翻訳が期待できます。学術用語にまでも対応しているため、英語論文を読み書きすることの多い東大大学院生も頼りにしている翻訳アプリです。

── ③「背景知識」を身につける

『TIME』誌など、海外の有名誌が読みづらく感じてしまう理由の1つは、英語圏の人たちなら当然共有している知識が、私たち日本人には欠けていることが多いからです。たとえば、海外でよく知られている有名人でさえ、日本人が知っているのはごくわずかなのではないでしょうか？　そのような知識を身につけることが、英文理解の一助になります。

　そのために役立つおすすめの媒体の1つに、講談社の『Courrier Japon』という雑誌があります。これは、『The New York Times』『The Guardian』『The Washington Post』など海外の有力メディアの記事の日本語訳が読み放題のネットコンテンツで、海外で話題になっていることを日本語で一瞬にして読める唯一のメディアです。これを読むことで、**海外ではどのようなことが話題になっているのかがつかめてきます。**

── ④「英語検索」を習慣化する

　いつも日本語で検索しているものを英語で検索するようにするというシンプルな習慣ですが、その効果は絶大です。現代人が最も時間を費やしている**「ネットサーフィン」の時間を、すべて英語学習の時間に変えられる**ためです。興味のあることを英語で検索することになるので、使える英語が身につきます。

リスニング力アップの秘訣は「多聴」にあり

　リスニング力とは、「英語音声を聞き取る力」＋「聞き取った英文の意味を瞬時に理解する力」のことです。
「英文の意味を瞬時に理解する力」は、「多読」によっても鍛えられますが、それに加え、英語音声をたくさん聞く「多聴」が大切です。「多聴」により、英語音声に慣れ、英語音声を聞き取る耳をつくるとともに、それを英語音声のスピードで理解する力を鍛えられます。

◯　多聴の3つのポイント

「多聴」のポイントは、次の3点です。

──①「好きなもの」を英語で聞く

　参考書や問題集などのリスニング教材ももちろん役立ちますが、それだけでは飽きてしまいますし、集中力も長く続かないことでしょう。**自分の興味や趣味に関連するものを英語で聞く**ようにしてみましょう。洋画、海外ドラマ、洋楽、海外ニュースなど、英語で聞けるものはたくさんあります。

　私の場合、もともとドラマやニュース番組が大好きでしたが、ある時決心し、日本のドラマやニュース番組を見る代わりに、海外ドラマや英語ニュース、語学番組を見るようにしました。

すると、1年後、まったく聞き取れなかった英語音声が、日本語のようにはっきり、ゆっくり聞きとれている自分に気がつきました。それから、仕事をしながら数ヶ月の試験対策で、TOEICのリスニング試験で満点を取得することもできました。

── ② 聴覚教材よりも「視聴覚教材」を活用する

　音声だけの教材も効果的なものはたくさんありますが、それだけでは集中力が続きにくいです。私自身、「NHKラジオ英会話」「スピードラーニング」「家出のドリッピー」など世間的に大変評判のいい「聴覚教材」を試し、見事に挫折した苦い経験があります。また、音声のみの教材だと、音声が聞き取れなかったとき、巻き戻さないと話の筋についていけなくなってしまうことがあります。

　映像があれば、聞き取れない部分があっても、話の流れについていけなくなることはありません。英語字幕をつけることで、音声だけでは聞き取れなかった音声が、**字幕をヒントに聞き取りやすくなる**のも大きなメリットです。

── ③「リスニング」に集中する

　英語学習に関する本や記事でよく勧められているのが、次の方法です。

- シャドーイング（聞きながら、少しだけ遅れて、聞いた音を真似して発音する）
- ディクテーション（聞いて、書き取る）
- リピーティング（聞いた後に、音声を止め、聞いた音を真似して発音する）
- オーバーラッピング（スクリプトを見ながら、同時に発音する）

しかし、まずは「リスニング」に集中することをおすすめします。なぜなら、これらの訓練法では「多聴」を習慣化しにくいからです。

「シャドーイング」や「ディクテーション」をしようとすると、聞こえてきた音声を発音したり書き取ったりすることにばかり気を取られて、**ただ音声を拾うだけの学習になってしまいやすい**です。自分の声にかき消されて、肝心の英語音声が耳に入らないということも。

　また、「シャドーイング」や「ディクテーション」を一発で完璧におこなうのは難しいので、同じ音声を何度も聞くことになりますが、そうすると**英文自体を覚えてしまい、リスニング学習にならない**ことがあります。「シャドーイング」や「ディクテーション」は、外出しているときや、家でリラックスしているときなどに何となくできるものではないので、**練習量も限られてしまいます。**

　ここからは、おすすめの多聴教材を紹介していきます。

○　まずはNHKのEテレの語学番組から

　最初におすすめなのが、Eテレの語学番組です。中学卒業程度の英語力で楽しめるものが多く、社会人が久しぶりにリスニング学習をするのに最適です。充実した内容なので、英語中〜上級者になってからも勉強になります。

　私の場合、次のような番組を視聴しました。

── おとなの基礎英語
「おとなの基礎英語」は、すでに放送は終了してしまいました

が、現在でもDVDで視聴できる人気番組です。アメリカやオーストラリア、イギリスなどを訪ねた主人公が、旅行中に出会った人々と交流しながら、日常生活やビジネスシーンで使える英語表現を覚えていくという楽しいドラマ仕立てで、さまざまな英語表現のリスニング学習ができます。憧れの観光スポットや文化を楽しみながら、英語がぐんぐん身につきます。

── 英会話フィーリングリッシュ

英語の頻出フレーズを学習でき、リスニング力＆英会話力アップに役立てられます。

── 太田光のつぶやき英語

SNSで話題になっている英文投稿を取り上げる番組です。最近のフランクな英語表現も学べて、勉強になります。

── リトル・チャロ

中学卒業程度の英単語や文法で話される、1話10分の短いアニメーションです。英語ナレーションはゆっくりとしたスピードで、日本語字幕もついているので、初心者でも安心して視聴できます。

Eテレの番組は、どれも短い番組が多いので、巻き戻して90〜100％聞き取れるようになるまで見ていました（ただし、最初のうちは、とにかく「毎日見る」ことだけを目標にしていました）。特に私の場合、「おとなの基礎英語」を毎日見ているうちに、2〜3ヶ月ほどで、これまでにないほど「英語音声を耳でキャッチする力」がついてきたと感じ、私にとって英語の最大の難所だったリスニングが得意になったきっかけとなりました。

○「英語音声に変えるだけ」で英語学習番組に

NHKの番組には、「語学番組」を冠していない番組の中にも、英語学習に適した番組が数多くあります。日本語の番組も、リモコンで音声を「英語音声」に変えるだけで、英語学習番組のようにして見ることができます。たとえば、次のような番組です。

—— NHK「NHKニュース」

「英語ニュースを聞き取れるようになりたい」と思い、イギリスのBBCやアメリカのCNNでリスニング学習しようとして、撃沈したことのある英語学習者は多いのではないでしょうか？

海外のニュース番組で扱われるのは、日本ではあまりなじみのないトピックばかりで、話すスピードも非常に速いので、無理もありません。

一方、「NHKニュース」の英語は、比較的ゆっくりとしたスピードで話されます。日本のニュースなので、話題となっているのは、もちろん、なじみ深いニュースばかり。知識不足がリスニングの障壁になることがなく、字幕なしでも「だいたいこんな内容かな」と予測しながら視聴できます。BBCやCNNに挑戦するためのステップアップにぴったりです。

また、日本語で知っていたニュース用語が「英語だとこんな表現になるのか！」という発見があるのがとても興味深く、楽しめます。過去に私が最も感動したのが、2020年のコロナ感染拡大のときに生まれた「3密」の英訳「3Cs − closed, crowded, close」。「密」がアルファベットの「C」の1文字で表現され、closed ＝密閉、crowded ＝密集、close ＝密接という意

味で訳されています。「3密」という新語を、その言葉のニュアンスを失わずに英訳していて、「これはすごい！」と歓声を上げてしまいました。

—— NHK BS1「BS世界のドキュメンタリー」、NHK「ドキュランドへようこそ」

ドキュメンタリー番組というジャンルは、ニュースやバラエティ、ドラマなど、そのほかの番組と比べて、ナレーションのスピードがゆっくりで、発音もはっきり発音されることが多く、聞き取りやすいため、英語学習に役立ちます。お堅く、難しいテーマの回もありますが、大谷翔平選手、英国のキャサリン妃のファッション、マイケル・ジャクソンやカーダシアン家などのセレブ、タイタニック号沈没に隠された衝撃の真実など、とっつきやすいテーマもよく放送されています。

これらの「NHKニュース」や「ドキュメンタリー番組」を英語で視聴するときのポイントは、**興味のあるテーマ（放送回）だけを選んで見る**ことです。興味のないテーマだと苦痛を感じてしまいやすく、継続して視聴しづらくなってしまいます。NHKニュースも、政治・経済からスポーツまでさまざまなニュースがある中で、興味のあるものだけに絞って視聴するようにしましょう。

完璧に聞き取ろうとしないことも、継続するためのポイントの1つです。NHKニュースやドキュメンタリーは、放送時間も長いですし、100％聞き取れるようになるまで何度も視聴するのは負担が大きく、継続しづらくなってしまいます。

特にニュース番組は、似たような英語表現が翌日以降の番組でも流れることが多く、その日に聞き取れなかった英語も、毎

日見ているうちにやがて聞き取れるようになっていきます。**とにかく毎日少しずつ見る、長期的に視聴し続ける**ことが大切です。

○ 海外ドラマ"見るだけ"勉強法

NHKの語学番組を見て、英語音声に慣れてきたタイミングでおすすめなのが「海外ドラマ"見るだけ"勉強法」です。ドラマには「ずっと見続けていたくなる」工夫が満載だからです。

海外ドラマと似ている媒体に「洋画」がありますが、洋画と違って1話が短いので、気軽に見られます。1話の最後のシーンに「次のエピソードを見たい！」と思わせるような工夫が凝らされていることが多く、視聴するのをやめられなくなるのもいいところです。1話40分ほどの海外ドラマでも、ワンシーズン23話で8シーズン続いている場合、40分×150話以上も見られるので、一度お気に入りを見つけてしまえば、当分は選び直す必要もありません。

また、同じドラマなら、エピソードが変わっても、似たような表現が何度も出て来るので、最初は聞き取れなかった英語表現も段々聞き取れるようになり、成長を実感しやすいです。

—— 最初は「英語音声 + 日本語字幕」がおすすめ

音声と字幕は、最初は**「英語音声＋日本語字幕」で視聴する**のがおすすめです。字幕を「日本語字幕」にするのは、話の流れについていけなくなることで挫折してしまうのを防ぐためです。聞き取れる英語音声が増えていったら、「英語字幕」や「字幕なし」にステップアップしてみてください。

ちなみに、**目的が「リスニング力」よりも「スピーキング**

力」にある場合は、「日本語音声＋英語字幕」もおすすめ。普段日本語で話している言葉が、英語でどのように表現されているのかを知ることができ、英語表現のストックを増やせます。

—— サブスクサービスを利用する

海外ドラマを見るにあたっては、Amazon Prime Videoや Netflix、Disney+ などのサブスクサービスを利用するのがおすすめです。ドラマの選択肢が豊富ですし、スマホで見られるので、スキマ時間に気軽に学習できるからです。

番組を選ぶときのポイントは、**心から「面白い！」と思える番組を選ぶ**ことです。自分が本当に好きで見たいと思える番組なら、自然とたくさん視聴でき、「多聴」につながるからです。

どのドラマを見たらいいか悩む場合は、次の表も参考にしてみてください。私の場合は、特に『フレンズ』『ゴシップ・ガール』『デスパレートな妻たち』にハマりました。

まずはこれをチェック！「聞き取りやすい定番」

1	フレンズ	90年代に大ヒットしたコメディ。とにかく英語がシンプルで聞き取りやすく、「英語学習向けドラマ」の筆頭として名高い。ユニークなキャラクターをもつ男女6人の日常が描かれ、笑えるシーンのオンパレード！
2	フルハウス	妻を亡くした主人公が、親友たちとともに3人の娘の子育てに奮闘する、ハートウォーミング・コメディ。子どもたちとの会話が多いため、英語が比較的わかりやすく、『フレンズ』とともに「英語学習向けドラマ」として定評がある。

3	ママと恋に落ちるまで	主人公の父親が子どもたちに「パパがママと恋に落ちるまで」の馴れ初めを語るコメディ・ドラマ。回想シーンが続くが、「結局どの女性がママなのか？」が最後のシーズンまで明かされず、「ママはだれ？」とどんどん続きが見たくなる。英語の聞き取りやすさに定評があり、「英語学習向けドラマ」として近年注目を浴びている。2000年代の作品のため、最近の英語が聞けるのも魅力。

胸熱ストーリー＆聞き取りやすい！「青春モノ」

1	グリー	アメリカ・オハイオ州の底辺高校の高校生たちが、廃部寸前の合唱部を救うべく、州大会優勝を目指す青春コメディ。ドラマだけでなく、世界的ヒット曲も楽しめるので、音楽好きにもおすすめ！
2	The O.C.	2000年代に全米で大ヒットした青春ドラマ。カリフォルニアの高級住宅街オレンジ・カウンティ(The O.C.)を舞台にした、高校生たちの成長物語。貧しい不良少年だった主人公の悩みや葛藤を中心に、ハマることうけあいの濃密なストーリー。
3	ビバリーヒルズ高校白書	90年代に大ヒットした伝説的ドラマ。ビバリーヒルズに住むセレブ高校生たちの青春ストーリー。

元気をもらえる！「お仕事モノ」

1	SUITS	ニューヨークの大手法律事務所を舞台に、ハーバード大卒の凄腕弁護士と、天才的頭脳を持つ青年が、さまざまな訴訟に挑む、スタイリッシュな弁護士ドラマ。法律やビジネスの単語が多く、会話のスピードも速いため、英語の難易度は上がるが、ビジネス英語の学習には適している。

2	グレイズ・アナトミー恋の解剖学	シアトルの大病院を舞台に、外科医たちの仕事と恋愛を描いた医療ドラマ。その面白さから、なんと2005年から現在まで15年以上も続いており、全米史上最大の長寿医療ドラマとしても知られている。医療ドラマ特有のグロテスクな場面が少なく、人間ドラマや恋愛シーンが多いため、ストレスなく見続けられる。
3	エミリー、パリへ行く	憧れのパリで仕事や恋愛に邁進するアメリカ人のエミリーの物語。明るくポジティブなストーリー展開で、気楽に楽しめる。華やかなパリの街並みやファッションも人気の秘密。

大人女子におすすめ！

1	ゴシップ・ガール	ニューヨーク・マンハッタンのセレブたちのスキャンダラスな恋愛や友情、複雑な家族関係を描き、全米に一大センセーションを巻き起こした。セレブたちの波乱万丈な日々や、煌びやかなファッションに目が離せず、長く見続けられる。日常会話レベルの英語表現が多く、発音もクリアなので、英語学習にも適している。
2	デスパレートな妻たち	アメリカ郊外に住む主婦たちのコメディ＆サスペンス。近隣住民たちの恋愛や育児、友人関係がコミカルに描かれる一方、謎の自殺や殺人事件など、シリアスなミステリーが同時並行で展開し、「次はどうなるの?」「犯人はだれ?」と続きがどんどん見たくなるようになっている。英語も聞き取りやすい。
3	セックス・アンド・ザ・シティ	ニューヨークの30代独身女性たちの恋愛をコミカルに描いた名作。ニューヨーカーたちの日常のおしゃべりが中心なので、英語も比較的シンプル。

ドキドキワクワク！　非日常の世界に浸れるファンタジー

1	グッド・プレイス	生前に善いおこないをした人だけが集まる「グッド・プレイス」（天国のような場所）に手違いで送り込まれてしまった主人公を中心に、「死後の世界」がテーマのファンタジー・コメディ。1話が約20分と短く、英語のスピードや発音もとても聞き取りやすいので、英語初心者にもおすすめ。笑いあり、感動あり、ミステリーありの奇想天外のストーリー展開で、飽きることなく見続けられる。
2	ワンス・アポン・ア・タイム	ディズニーファン必見のファンタジー・ミステリー。悪い女王の呪いにより記憶を消され、現実世界へと飛ばされた、おとぎ話の主人公たちの物語。「白雪姫」や「アナ雪」など、ディズニー作品のキャラクターたちが実写で登場。ディズニーやおとぎ話の世界観を堪能できる。ミステリー要素満載のストーリー展開や、愛憎渦巻く大人の人間ドラマも面白く、何シーズンでも見続けられる傑作！
3	ワンピース	マンガ『ワンピース』の実写版。原作者の尾田栄一郎さんが自ら製作総指揮を務め、Netflix史上最高水準の視聴者評価を誇る秀作。あらすじを知っているマンガ読者なら、英語音声＋英語字幕に挑戦するのもおすすめ。

スリル満点！　怖いけど見続けたくなる

1	LOST	無人島に墜落した飛行機の生存者たちのサバイバル・サスペンス。さまざまな過去を持つ登場人物たちの人間ドラマや、謎の多い島の正体など、一度見始めると止められない面白さで、世界中で爆発的大ヒットを記録した。
2	ウォーキング・デッド	ゾンビに支配された世界で生き延びようとする人々のサバイバル・ホラー。全米で驚異的な視聴率を誇り、ゾンビブームを呼んだ超大作。恐怖やスリルを求めるなら、この作品の右に出るものはない。ただし、スラングが多く、会話のスピードも速いので、難易度は高め。

| 3 | ブラック・ミラー | 人間の醜さと近未来のテクノロジーをテーマに、予想外の物語が繰り広げられるSFドラマ。1話完結型＆ひねりのあるストーリー展開から、日本でも「海外版・世にも奇妙な物語」として話題になっている。 |

「海外ドラマ"見るだけ"勉強法」のポイントは、NHKニュースやドキュメンタリー番組のときと同様、**100％聞き取れるようになるのを目指さない**ことです。

　私の場合、NHK Eテレの番組は「全部聞き取る練習をするのが目的」、海外ドラマやNHKニュースは「英語のシャワーを浴びるのが目的」と割り切り、これら2つのリスニング学習を同時並行でおこなうことで、相乗効果で力をつけました。

○ 「TED Talks」リスニング学習法

　最後は、インターネットで「無料」で見られるプレゼンテーション動画「TED Talks」です。

https://www.ted.com/talks

「TED Talks」の魅力は、ビル・クリントンやビル・ゲイツといった政財界の大物をはじめ、学者や活動家、作家やブロガーなど、さまざまな分野で活躍する世界の著名人たちが登壇し、見ているだけで心が躍るようなスピーチが繰り広げられるところ。また、世界の多くの人に伝えることを目的としたプレゼンなので、**発音がクリアで聞き取りやすく、とても勉強しやすい**です。だいたい10〜20分程度の短いトークが多いので、集中力を切らさずに視聴しやすいのも魅力です。

「TED Talks」のほかにはない魅力の1つは、**字幕とスクリプトが両方表示できる**ところ。しかも、そのとき流れている音声に該当するスクリプトが、リアルタイムでマーキング表示されるので、その音声のスクリプトがひと目でわかります。

「英語字幕＋日本語スクリプト」もしくは「日本語字幕＋英語スクリプト」にすることで、英語と日本語の字幕を両方見ながら視聴することもできます。

英語と日本語の字幕を両方見ながら視聴することもできる

おすすめの方法は、「英語音声＋英語字幕＋日本語スクリプト」で見ることです。具体的には、次のように視聴します。

- 「英語音声＋英語字幕」で視聴し、何を言っているかわからないところは日本語スクリプトを参照する
- 字幕やスクリプトなしで概ね聞き取れる場合は、字幕やスクリプトを見ずに視聴し、聞き取れない箇所だけ、字幕やスクリプトをヒントにする

「TED Talks」には興味深い動画がたくさんありますが、ここでは私のおすすめ動画ベスト7を紹介します。

① Tim Urban「Inside the mind of a master procrastinator」

　ハーバード卒の有名ブロガーのプレゼン。真面目な内容が多い「TED Talks」の中ではめずらしい、超コミカルな内容。「procrastinator（先延ばし魔）の頭の中」というテーマで、大学のレポートなど大事なことを先延ばしにしてしまう心情を、イラストつきで面白おかしくプレゼンします。とにかく内容が面白いですし、英単語や英語表現、発音などもわかりやすく、英語学習者にぴったりです。

—— ② Matt Cutts「Try something new for
30 days」

　Googleエンジニアのマット・カッツさんによるトーク。たった3分ほどの長さでありながら高い人気を誇る、充実した内容です。

　ずっとやりたかったけれどやれなかったことを試しに「30日間」だけやってみたら…？

　カッツさんのチャレンジに元気をもらえます。短いうえに英語も聞き取りやすいので、TEDでの学習がはじめての方におすすめ。

── ③ Kelly McGonigal「How to make stress your friend」

　スタンフォード大の健康心理学者ケリー・マクゴニガルさん。世界的ベストセラー『スタンフォードの自分を変える教室』などで知られる彼女が、「ストレスと友達になる方法」をテーマに、目から鱗の新知識を披露します。プレゼンの名手として知られるマクゴニガルさんの話はぐいぐい引き込まれますし、発音がクリアで聞き取りやすいのでおすすめです。

全米トップのビジネススクールであるペンシルバニア大「ウォートン校」教授のアダム・グラントさんが、どの職場にもいる「ギバー(与える人)」「テイカー(奪う人)」「マッチャー(損得のバランスを取る人)」をテーマに、ユーモラスに語り尽くします。

三者のうち、最も営業成績が良い／悪いのはどのタイプ？
彼らの性質を見抜き、望ましい組織をつくる方法とは？

ビジネスパーソンなら聞きたくなることまちがいなしの内容で、これまで1,000万回以上も視聴されています。

── ⑤ Lýdia Machová「The secrets of learning a new language」

　9ヶ国語を操る多言語話者をスピーカーに迎え、語学習得の秘訣を学べる、英語学習者必見のプレゼンです。英語発音も聞き取りやすく、学びやすさ満点。

── ⑥ Danielle Feinberg「The magic ingredient that brings Pixar movies to life」

ピクサーの撮影監督によるプレゼン。「ファインディング・ニモ」や「ウォーリー」などの名作アニメーションの映像がどのように生み出されているのか、芸術と科学を組み合わせて美しい映像をつくり出すテクニックが紹介され、感動の名作の裏側を覗くことができます。

───⑦ Imran Chaudhri「The disappearing computer – and a world where you can take AI everywhere」

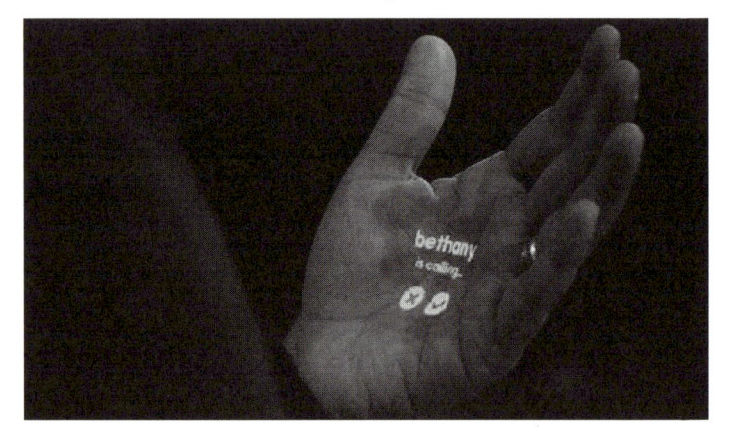

　スピーカーは、Apple社でMacやiPhone、Apple Watchなどの商品デザインを20年以上も手がけてきた人物。このプレゼンでは、未発売の画期的ハイテク製品の独占プレビューを通し、AIによって変わりゆく未来のデバイスを見せてくれます。2023年におこなわれたばかりのプレゼンであり、最新のテクノロジーに心躍らされることまちがいありません。

なお、「TED Talks」はNHK Eテレの「スーパープレゼンテーション」という番組で放送されていたことがありますが、そこで紹介されていたトークは、どれも厳選された興味深いプレゼンばかりなので、参考にしてみるといいでしょう。放送されたバックナンバーのリストは、NHKのサイトから閲覧できるので、ここからタイトルや登壇者を調べ、TEDのサイトで検索してみるといいでしょう。

　また、動画は、視聴回数の多い順に並べ替えることもできます（画面左上の「Sort By」のところで「Most viewed」を選択）。人気動画を順番にチェックしていくのもおすすめです

動画を視聴回数の多い順に並べ替える

スピーキング力は「ストック」のインプット＆アウトプットで上げる

○ まずは「ストックの数」を増やす

「留学したり英会話スクールに通ったりしたのに英語が話せない」

そんな日本人はとても多いです。その大きな要因は、**英語表現の「ネタのストック」が不足している**ことにあります。

英語表現の「ネタのストック」は、たとえば、使い回しやすい表現であったり、「自己紹介のときは、こう話す」「おすすめのレストランを聞かれたら、こう話す」などのパターンです。いわば、野球の素振りやサッカーのドリブル練習のようなもの。これらの基礎練習があってこそ、本番の試合で優れたパフォーマンスが発揮できます。

○ 「0秒英語暗唱」で英語が口からスラスラ出てくるように

まずおすすめなのが、文章をどもらずに0秒で言えるようになるまで暗唱する「0秒英語暗唱」です。「0秒英語暗唱」のやり方は次のとおりです。

① 自分が話せるようになりたい英文と、その和訳が掲載された教材を用意する。
② 英文を読み、大まかに頭に入れる。
③ 暗唱する（難しければ、和訳を参考にしながら暗唱する）。自分自身が話しているかのように自然と暗唱できるところまで、2〜3回くり返す。

　ポイントは、**1つ1つの文に時間をかけすぎず、軽めにこなすこと**、そして**スピーディに1冊を終える**ことです。
　暗唱は、1字1句正確に暗唱できていなくても、大まかに合っていればOKです。たとえば、英文では「delicious」となっているところを「nice」「tasty」などと言ってしまったとしても、どちらも「おいしい」という意味なのでOKとします。むしろ、英文をそのまま丸暗記して口にするのではなく、**情景を思い浮かべながら、だれかに話しているかのような感覚で話す**のが上達のポイントです。この方法により、英語表現のネタのストックがどんどん増えていくだけでなく、英語勘やセンスも磨かれます。

「0秒英語暗唱」の効果は、良質な教材を選ぶことでさらにアップします。たとえば、次のような教材はおすすめです。

- 『Chat Diary 英語で3行日記』（アルク）
- 『Q＆A Diary 英語で3行日記』（アルク）
- 『シンプル穴埋め式365日短い英語日記』（KADOKAWA）
- 『ハーバード式5行エッセイ英語学習帳』（コスモピア）

Chat Diary英語で3行日記

Q&A Diary英語で3行日記

シンプル穴埋め式365日
短い英語日記

ハーバード式5行エッセイ
英語学習帳

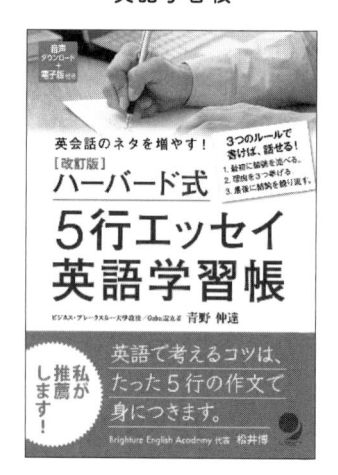

これらの教材に共通している教材選びのポイントは3つです。

—— ① 日常使いしやすく、すぐに使える表現がたくさん載っている

「0秒英語暗唱」は「英語アウトプット実践」の前の準備体操。だから、「すぐ使えそう」と思える英語表現を暗唱するのがベストです。

逆に、いわゆる「英作文の教科書」のような本はNG。中学1年で習う「This is a pen.」「I have a pen.」なんて表現は、あくまで文法学習のためにある英文で、日常生活の中で絶対使わないですよね。また、難解な文学作品に掲載されているような英文はふさわしくありません。

—— ② 1文1文が短い

英語表現の基本は、短くても1文がしっかり話せる＆書けること。短文が話せるようになれば、長文は「so」や「because」、「which」などを使い、いくらでもつくれるようになります。

—— ③ 同じテーマについて3〜5文くらいの文章が書かれている

暗唱するのは、覚えるのが苦痛になるほどの長さでもなく、かといって1〜2文で終わってしまうわけでもない「3〜5文」くらいの文章量がおすすめです。なぜかというと、**1つのテーマにつき、いくつもの英文を話せるようになる**ためです。

たとえば、「What do you do in your free time?」と聞かれたときの解答として、「I like reading.」「I love cooking.」と答えるだけでは、会話はそこで終わってしまいます。「趣味は読書です」のあとに「好きな本は○○で、その理由は○○で」と話

を膨らませられなければ、会話は弾みません。

○ 「Ｑ＆Ａ式英語日記」で、「自分の表現したいこと」が表現できるようになる

「0秒英語暗唱」で覚える英文は、あくまで一般向けに書かれたもので、自分専用にカスタマイズされた英文ではありません。「あなたの仕事は何ですか？」「趣味は何ですか？」と聞かれたときの本当の解答は、自分にしか書けません。**「自分の表現したいこと」を話したり書いたりできるようになるための英語ストックを蓄積する**必要があります。

その方法こそが「英語日記」です。「英語日記」のポイントは次の7つです。

── ① Ｑ＆Ａ式で書く

実際に英会話や英語ライティングで質問されそうなことを予測し、それに回答するイメージで日記を書きます。

質問項目は、前出の『Chat Diary 英語で3行日記』や『Ｑ＆Ａ Diary 英語で3行日記』（アルク）などが参考になります。英検の2次試験や、TOEIC Speaking Test の応答問題の問題文を参考にするのもおすすめです。

答えられる質問を、10パターン→50パターン→100パターン……と少しずつ増やしていくことで、やがてどのような場合でも対応できる英語のアウトプット力が身につきます。答えられる質問の数、そして、アウトプットできる回答の数を、目標を決めてどんどん増やしていきましょう。

── ②「3〜5文以上」書く

「0秒英語暗唱」のところでも触れましたが、1つのテーマにつき、たったひと言ではなく、少なくとも「3〜5文」以上の会話ができるようにならなければ、せっかく覚えても実践に使えません。**実際の英会話や英語ライティングが1文で終わることはまずありません**。本番で話を膨らませ、弾ませられるように準備しましょう。

── ③「日記」でなくてもいい

「日記」といいましたが、その日に起きたことを書かなくてもかまいません。

- 自己紹介（職業や趣味など）
- 今日のニュース
- 本や映画の要約
- あるトピックについての賛否
- 推しているアイドルについて

など、実際に英会話や英語ライティングで使えそうなテーマなら何でもかまいません。

　特に、「自己紹介」のストックをためておくと役立ちます。なぜかというと、**自分のことや自分の好きなこと、気になっていることは、一番話しやすい話題**だからです。英会話スクールでも、初対面の外国人と話すときにまず話すのが「自己紹介」。ここでうまく話せるようになることで、相手も打ち解けてくれて、その後の会話の流れもスムーズになります。また、自分自身のことや自分が関心のあることなら、話も広げやすいです。

　最近話題になっているニュースも、ストックとしてためてお

くのにおすすめです。政治・経済の話題から、スポーツやエンタメ・芸能、人気の本や映画まで、ニュースの話は盛り上がりやすいです。インターネットで正解の英文を調べやすいので、文章もつくりやすいです。

—— ④ 書いたあとに「暗唱」する

英文を書き終えたあとは、実際に使えるように、その文章を「暗唱」しましょう。ただ書くだけではなく、「暗唱」することで、スピーキングの練習にもなります。

「暗唱」といっても、書いたことを1字1句正確に言えるようにならなければいけないというわけではありません。あくまで「自分が表現したいことをちゃんと表現できるようになること」が目標。準備した内容に近いことを概ねアウトプットできるようになれば大丈夫です。

—— ⑤「初歩的な単語・文法」で書く

無理に難しい単語や文法を使おうとせず、よく知っている単語や文法で書いてみましょう。

もちろん、いまの実力ではどうしてもうまく英語にできないものは、辞書やインターネットに頼ってOKですが、まずは初歩的であっても、自分の知っている単語や文法で、自分の言いたいことを表現する努力をしてみましょう。これにより、本番の英会話や英語ライティングで求められる「**そのとき知っている単語や文法だけでなんとか自分の言いたいことを表現する**力」が磨かれます。

—— ⑥ 本から取ってくる

「自分で考えて英語を書くのがつらい、難しい」と感じること

もあると思います。そんなときは、英語日記の参考書の例文の中から、自分にあてはまる表現をそのまま書き写してみましょう。できるだけ例文が豊富な参考書がおすすめです。

　私のおすすめは、『英語日記パーフェクト表現辞典』（Gakken）です。約800ページある分厚い本ですが、たとえば「お正月」というテーマだけで例文が6ページも載っているなど豪華です。ここに掲載されている例文を、テーマごとに5文ほどピックアップして自分にあてはまる文章にして、暗唱するのを繰り返しているうちに、あっという間に英語が口をついて流れるように話せるようになりますよ。

　また、「0秒英語暗唱」で覚えた文章も、積極的に使ってみましょう。これらの文章は、専門家やネイティブが書いた「お手本」となるようなものなので、使えば使うほどこなれた感じが出て、英語ができる人に近づけます。

英語日記パーフェクト表現辞典

「自分が表現したいことをどう英語にしたらいいかわからない」
「より良い英語表現を知りたい」

そんなときは、ためらわずインターネットで調べ、使える表現を増やしていきましょう。Google検索はもちろん、最近では精度の高い翻訳に定評のある「DeepL」などの役立つアプリもあります。

特に、好きな本や映画、最近話題のニュースを簡潔に説明するのは、たとえ日本語であっても難しいもの。英語版のWikipediaやニュースサイトなどには、参考になる要約が載っていることが多いので、ぜひ活用してみましょう。海外の口コミサイトの感想コメントも、自分の感想を述べるときのネタに使えます。積極的に真似してみましょう。

英会話スクール選びで後悔しない5つのポイント

英会話スクールに通っても英語が話せるようにならず、苦い体験をした人は多いでしょう。

「忙しくてスケジューリングが難しい」
「授業料が高くやめてしまった」
「通い続けているものの、なぜか話せるようにならない」

そんな理由があるのではないかと思います。

私自身も同じ苦労をしてきた中で、成功する英会話スクール選びで押さえていただきたいのは、次のポイントです。

① レッスン日を自分で選べる
② レッスン料がリーズナブルで、通い続けられる
③ 1対1の個人レッスン（もしくは少人数レッスン）である
④ レッスン内容を自分でアレンジできる
⑤ 講師を選べる

　まず大前提として、レッスン日やレッスン料の面から**通い続けられる**ことが大切。レッスンの日時が決まっておらず、自分で決められるスクールがおすすめです。
　講師やレッスン内容についても、自由度が高いスクールがおすすめです。あらかじめ決まったテキストがあり、それに沿ったレッスンをおこなう英会話スクールは多いですが、テキストをみんなで読んだり、単語や文法の解説をしてもらったりする時間がもったいないので、おすすめしません。それは、自宅で独学でもできることです。
　英会話レッスンは、独学ではできない「英語コミュニケーション」の時間にしたいところです。私の場合、レッスン時間を丸々フリートークの時間にし、「自己紹介」や「今日の出来事」などをテーマに、学習したストックを実際にアウトプットするための時間にすることで、スピーキング力を伸ばすことに成功しました。
　また、まずは日常会話を自然に話せることからマスターしたかった私は、その要望を伝えることで、ムダのない充実したレッスンを受けることができました。人により、教わりたいこと、逆に教えてもらう必要のないことはさまざまです。それらを反映したレッスンを、自分主導でつくれるといいでしょう。
　そして、優れた講師との出会いは、スピーキング力アップに欠かせない要素です。相性もあるので、さまざまな講師の中か

ら「この人！」という先生を選べるスクールがいいでしょう。講師のチョイスの幅が広いと、イギリス人やアメリカ人、オーストラリア人など、訛りの異なるさまざまな講師と話せたり、異なる文化や趣味を持つ講師たちと話したりできるので、英語表現の幅も広がります。

　ちなみに、私自身は、都内にある「English Village」という英会話スクールに通っていました。一般的な英会話スクールのほかにも、最近はオンライン英会話や、英会話講師を探して近所のカフェなどで個人レッスンを受けられるサービスもあり、選択肢は豊富です。

○ 英会話スクールでスピーキング力を上げる 8つの方法

　では、入会した英会話スクールでスピーキング力を効率的にアップするには、どうしたらいいでしょうか？　ポイントは、次の8つです。

── ①「英語ストック」をどんどん話す

　英会話スクールは、「英語ストック」をお披露目する場だと考えましょう。「英語日記」のノートを片手にスクールに通ってもいいでしょう。すると、

「英語ストック」を披露する
→その内容に対して講師が突っ込んでくれる
→答えられないことがあればどう答えるのがいいか講師に聞く
→教えてもらった表現はノートに書きとめる
→教わった表現は次回のレッスンで積極的に話す

という流れで、同じテーマで話せる英語がどんどん増えていきます。前回のレッスンで教えてもらった表現を次のレッスンで使ったら、**講師も喜び、どんどん使える表現を教えてくれるようになります。**

── ② まちがいを恐れない

スピーキング力の成長は、「どれだけ正確に話せたか」ではなく、「**どれだけたくさん話したいことを話せたか**」で決まります。「文法的に正しく話せたか」「変なことを話していないか」といったことは気にしすぎず、積極的に話しましょう。

「自分はまだ英語が話せないから」と遠慮して、講師の話を聞いているだけだと、家でリスニングをしているのと同じになってしまいます。「授業料を払ってスピーキングの練習をしに来たのだ」という前のめりの意識をもち、まちがいを恐れず、たくさん話しましょう。

── ③ わからないときはどんどん質問する

控えめで相手の気持ちを考えすぎてしまう日本人は、英会話講師のトークに対して、**何でも「Yes」で答えてしまうのが悪い癖**。「Yes」と答えてしまうと、相手にこちらが理解できていないことが伝わらず、何を話しているのかわからないまま話がどんどん先に進んでしまい、もったいないです。

わからないときは、次のように質問しましょう。

「Can I ask a question?」
「Could you repeat that?」
「Could you speak a little more slowly?」
「What does it mean?」

「What do you mean by ○○ ?」

「How do you spell it ?」

── ④ 知っている単語だけで話したいことを表現する 練習をする

　単語が思いつかず、どもってしまうこともあるでしょう。しかし、そんなときも無言にならず、思い切って**「知っている単語だけで」自分の話したいことを表現する**ようにしてみましょう。

　日本人は、完璧な文章を話せないと、無言になったり言い淀んだりするケースが多いと思います。しかし、スピーキング力とは、単語をたくさん知っていることだけではなく、たとえ単語力があまりなくても、自分の話したいことを自由自在に表現できることでもあります。

　たとえば、芸能人の不倫スキャンダルについて話したいと思っていたとします。「不倫する」は英語で「have an affair」。でも、こんな単語、意外と知らなかったりしますよね。そんなときも、

「She's married, but she fell in love with another man.」

のように、知っている単語だけで説明するようにすれば言い淀むことはなくなります。

　また、困ったときには、「something」や「someone」が使えます。どうしても何も出てこないときは

「something like ＋ ジェスチャー」

で、ボディランゲージを使って状況を説明することもできます。

料理の名前が英語で出てこないときにも

「I want to have something spicy in a Chinese restaurant.」

と言えば、「中華の辛いものか、麻婆豆腐とかが食べたいのかな」と、なんとなく言いたいことのニュアンスは伝えられます。

このように、知っている言葉だけで話すためのトレーニングをおこなえるのが、「実践の数」を積み重ねることの意味です。

—— ⑤ 1文話し終わるごとに「接続詞」を口にしてみる

「so」「because」「and」「but」「while」「though」など、1文話し終えたあとに何らかの「接続詞」を口にすることを自分に課してみましょう。そこで話を止めず、2文以上話すことになるので、たくさん話すきっかけになります。

—— ⑥ スマホの写真や動画を見せながら話す

拙い英語を話していると、英会話講師に何を話しているのか伝わっていないことがよくあります。そうすると、講師のほうも、どのように話すのが正しいかを、的確にこちらに教えづらくなります。

そこでおすすめなのが、その場面を撮影したスマホ写真や動画を見せながら話すこと。「何の話をしているか」が一目瞭然になるので、的確なアドバイスをもらえやすくなります。

—— ⑦ 講師に同じ質問を投げかける

自分が尋ねられた質問と同じものを、講師に投げかけてみましょう。ネイティブならどう答えるかがわかり、自分が話すと

きの参考になります。

── ⑧「愚痴」や「ノロケ話」を話してみる

「英語だから話せない」と感じていることが、じつは「**日本語でも話せない**」ということがよくあります。日本語で何かを話すときも、英会話で話すような改まった会話だとあまり話を弾ませられず、仕事やプライベートの愚痴や、恋人や子ども、あるいは「推し」のノロケ話のようなぶっちゃけた話は、いくらでも話せる人が多いのではないでしょうか？

「これならいくらでも話せる！」という話題で話してみてください。「本当に話したいトピック」なら、英語を話すことへの心のハードルが下がり、英会話自体も楽しいものになります。

ライティング力は「書き写す」ことで高まる

ライティングの難しいところは、スピーキングのように瞬発力が求められない代わりに、話し言葉よりも「難易度の高い英語」を書くことが求められるところにあります。

そのような英文を書けるようになるための一番の近道は、**お手本となる英文を真似し、「練習量」を積み重ねる**ことにほかなりません。

○ 「理想の英文」をひたすら書き写す

ライティングには、「伝われば何でもあり」の話し言葉とは違い、構成や展開の仕方から文章表現に至るまで、一定のルールやマナー、型やテンプレートがあります。がむしゃらに書いても、良い英文が書けるようにはなりません。

そこで効果的なのが、「模範となる英文を書き写す」ことです。一見地道ですが、書き写す中で、よく使われる単語や定型表現、文章をつくるときの型を身につけられます。

書き写すときのポイントは、次のとおりです。

── ① 理解して書き写す

何も考えずにただ書き写すのではなく、自分で文章をつくっているかのような気持ちで

「なぜここで、この英文が必要なのか？」
「自分で英文を書くときに、この英文を書くことを思いつけるようになるためには、どうしたらいいか？」

といったことを思考しながら、書き写します。単語や文法でわからないところがあれば逐一調べ、理解して書くようにしましょう。

—— ② まとめて書き写す

　1語1語写すのではなく、1〜2文ずつ覚えてから書き、書いたあとに元の文と照合して直すようにすると、記憶に残りやすいです。ただ英文を丸写しするというよりは、**1文ごとに、一瞬だけでもその英文を覚え、書きとめる**イメージです。ちょっとまちがってもいいので、まとめて書き写します。これにより、1文1文がより鮮明にインプットされ、自分で英文を書くときに記憶した英文が頭に浮かんできやすくなります。

—— ③ 使い回したい表現に線を引く

　使い回したい表現にはペンで線を引き、特に重点的に頭に入れるようにしましょう。
　また、英文構成の「型」で参考にしたいものはメモしましょう。「型」を覚えていくことで、**ブロックをつなげるように、完成度の高い英文を書く**こともできるようになります。

—— ④ 目的に応じた教材を選ぶ

　書き写す教材は、目的に応じて選びましょう。書けるようになりたいのはビジネス文書なのか、論文なのか、エッセイなのか、ビジネスならメールなのか書類なのかで、どのような英語

表現や型を身につけたらいいのかは変わってきますし、対策の仕方もまったく異なってきます。「いろいろなことが英語で書けるようになりたい」と漠然と考えるのではなく、「こんなものが書きたい」と目的を絞ることが大切です。

　目的が明確にできない場合は、TOEICや英語検定の教材がおすすめです。これらの英語は完璧なお手本であるうえに、あくまで英語教材なので、独自の表現や気取りがなく、英語ライティングスキルを身につけるのに適しています。

○ 理想の英文と同じテーマについて、自分で文章を書いてみる

「理想の英文」を写し終えたあとは、同じテーマで、自分でも英文を書いてみましょう。このとき、「理想の英文」を思い出しながら、自分で書く英文にもそれらをできる限り再現して書きます。思い出せないところや、自分でもオリジナルに加筆したいところは、自力で英文を書きましょう。

　全部自力で書こうとするとなかなか難しいですが、「理想の英文」を思い出しながら、自分の文章も書くという形なら、いま自分が持っている力でも、レベルの高い文章を書くことが可能になります。

　今の単語・文法力では書けない場合は、まずは**表現したいことに近い内容を、自分の知っている単語や文法で書いてみる**ようにしましょう。そして、**「本当はこんなふうに書きたかった」ということを、日本語でメモしておく**ようにしましょう。英文をすべて書き終えたあとに、メモをもとに「どのように書いたらよかったか」をDeepLやインターネットなどで調べます。

　慣れてきたら、同じことを表現するのにも、**異なる単語を使**

うことに挑戦してみましょう。たとえば、「because」だけでなく、「so」や「That's why S V」、「Therefore」などを使います。単語や文法の言いかえができるのは、高いライティング力の証。読み手へのアピールになります。

　また、書いた英文は、必ず添削してもらいましょう。フィードバックを得ることで、より良い英文の書き方がわかり、さらにライティング力を上達させられます。

　英会話スクールなどで添削してもらうのもいいですが、おすすめは、「Grammerly」という英文添削アプリを使うことです。Grammerly は、現時点で最も精度の高い英文添削アプリとして知られており、文法のまちがいやスペルミスを無料で直してくれます。有料版では、より精度の高い添削もしてくれます。

　いかがでしたでしょうか？
　冒頭でも述べたように、英語は何よりも「練習量」が上達の要となる分野です。読む、聞く、話す、書くを「楽しみながら」繰り返すことで、英語はどんどん上達します。やればやるほど成長を実感できるのが英語です。ぜひ、いますぐにでも、始めてみてください。

おわりに

本書をお読みいただき、ありがとうございます。

夢を先送りしないための「5つの仕組み」は、いかがでしたでしょうか?

この「5つの仕組み」には、勉強で結果を出すためのエッセンスをすべて詰め込みました。この勉強法で必ず結果を出せることを、ここにお約束します。

さて、すでに述べてきたように、私は、「勉強」を通じて、これまで多くの夢を叶えてきました。

なぜ「勉強」なのか?

それは、「勉強」が、実力やコネがなくても、「方法」さえまちがえなければ必ず結果が出る分野であり、「夢を先送りしない」ための唯一無二の方法だからです。

「実力がない」
「環境に恵まれていない」

そんなことは問題ではありません。
それよりも、「学び続けられる」かどうかが勝負です。

世界最大の投資会社バークシャー・ハサウェイの副会長チャールズ・マンガーが、会社を率いるウォーレン・バフェットらの成功において学習の継続がいかに大事かを訴えたスピーチを以下に引用します。

> 　卒業後、どれだけ学べるかが勝負です。学習すればするほど、前に進んでいくことができます。（中略）
>
> 　私はこれまで、元々頭脳明晰でもなく勤勉でもない人が、次々に成功していくのを目にしてきました。なぜ彼らは成功したのか。それは、彼らが全員「学習マシーン」だったからです。
>
> 　　　　　（『巨大な夢をかなえる方法』(文藝春秋)より）

　世界的成功者から見ても、成功の法則はいたってシンプル。「学び続ける」ことなのです。

「東大に合格したい」
「大好きなことを仕事にしたい」
「最高の人間関係に恵まれたい」

　このような、自分には無理だと思っていた夢を、私は「5つの仕組み」を駆使し、「勉強」を糸口に小さな成功体験を重ねていくことで、1つ1つ実現していくことができました。
　また、私には、小さい頃から「作家になりたい」という夢がありましたが、その夢も、こうして「勉強」をきっかけに、実現させることができました。

東大合格や資格取得など、これまで1つずつ叶えてきた夢が、「作家になる」というもっと大きな夢を叶えてくれたのです。
　本書の第2章で紹介した「スモール・ステップ」のように、目標を細分化し、1つ1つのステップを確実に達成することで、最終的に大きな夢や目標を達成しましょう。

　夢に向かって学び続けることで、これまでにない新たなステージに到達することが可能になります。そして、そのステージでさらに学び続けることで、さらに高いステージへ……と、「わらしべ長者」のように、次々とステップアップしていくことができます。
　何もせずに夢を先送りしてしまうのではなく、このことにいち早く気づき、夢に向かって学び始めることで、人生の夢が叶い、大きな幸せが手に入ります。

　さらに、夢を叶える過程で、それまでは出会えなかった素晴らしい人たちに出会えることも、学ぶことの醍醐味の1つです。

「いまの環境で人生がうまくいっていない」
「いまの上司や同僚、友人に不満がある」
「マウントを取られることが多く、辛い」

　このような環境に身を置き、苦しんでいませんか？　私もそのような経験をしたことがあります。
　しかし、苦しいときこそ、「勉強」でステップアップするチャンスです。

人は、自分に自信がないと、余裕をなくし、人として好ましくないことをしてしまいがちです。そういう人たちに囲まれていると、自分もネガティブな方向へ同調してしまいがちになります。

　しかし、自分自身の夢や社会のために前向きに学び続けていれば、まわりも、仕事人としても人としても尊敬でき、一緒にいて楽しい人たちばかりになってくると実感できることでしょう。

　この本を完成するまでの過程でも、素晴らしい出会いがたくさんありました。

　仕事と両立しながら資格取得に励んでいた頃、ビジネス書作家をしていた東大時代の先輩から声をかけてもらい、話が弾み、作家エージェントのアップルシード・エージェンシー様のことを教えていただきました。それをきっかけに、アップルシード・エージェンシーの鬼塚忠社長や、愛読していた『東大読書』のエージェントの宮原陽介様、同じく愛読書であり、Excelの勉強をしたときに大変お世話になったロングセラー『たった1日で即戦力になるExcelの教科書』の編集者の傳智之様といった出版界の著名な方々との信じられないほど幸運なご縁をいただき、本書の出版に至ることができました。

　このように、学び続けていると、人生にドラマチックな変化がたくさん起きるようになります。すると、とにかく人生が楽しく面白味に溢れたものになっていきます。

「ちょっと学んでみる」のではなく「学び続ける」には、自分の意思の強さによらず、勉強を続けていくための「仕組み」が何よりも必要になります。ぜひ「5つの仕組み」を活用してみてください。

　あなたも、今日から、いますぐにでも、夢に向け、何かを学び始めてみませんか？
　あなたの夢が叶いますように。一緒に夢を叶えましょう。

2024年8月

石黒由華

石黒由華
（いしぐろ ゆか）

東京大学卒業。学生時代から20年以上勉強法を研究し、「だれでも、どんなに時間がなくても結果の出る勉強法」を考案。勉強でさまざまな夢を叶える。

高校時代は、学級崩壊しているクラスで「偏差値30台」だったところから、独自の勉強法を確立し、早慶上智、さらに東大に逆転合格。大学では教育学を学ぶ傍ら、大学受験雑誌のライター、全国模試の採点アルバイトを経験し、「結果の出る勉強法」をさらに深く研究。天才・秀才たちの集まる東大を「トップクラスの成績」で卒業。卒業後は、約500倍の倍率を突破し、マスコミ企業に就職。

その後も、限られた時間の中で仕事と勉強を両立、英語・IT・会計など8つの資格を「独学」で取得し、昇進やキャリアアップを果たす。中でも、英語では「TOEIC950点超」を取得したほか、留学経験ゼロで自己紹介もできなかったところから「Google社員レベル」と評価されるほどペラペラに話せるまでにレベルアップ。

結婚・出産後も、なかなか寝てくれない0歳児の子育てで自分の時間がほとんど作れない中で、「約半年で」東大大学院に合格。

趣味は、旅行、美術鑑賞、美容。世界遺産検定、美術検定、化粧品検定などを取得。大好きな趣味を楽しみ、充実したプライベートを過ごす。

● 著者エージェント
アップルシード・エージェンシー
http://www.appleseed.co.jp

- ブックデザイン　須貝美咲（sukai）
- 組版・作図　　　SeaGrape
- 編集　　　　　　傳 智之

お問い合わせについて

本書に関するご質問は、下記のWebサイトの質問用フォームでお願いいたします。
電話でのお問い合わせにはお答えできません。
ご質問の際には以下を明記してください。

　○書籍名
　○該当ページ
　○返信先（メールアドレス）

ご質問の際に記載いただいた個人情報は質問の返答以外の目的には使用いたしません。
お送りいただいたご質問には、できる限り迅速にお答えするよう努力しておりますが、お時間をいただくこともございます。
なお、ご質問は本書に記載されている内容に関するもののみとさせていただきます。

問い合わせ先

〒 162-0846
東京都新宿区市谷左内町21-13
株式会社技術評論社　書籍編集部
「夢を先送りしない勉強法」係
Web：https://gihyo.jp/book/2024/978-4-297-14373-2

夢を先送りしない勉強法

2024年 10月 5日　初版　第1刷発行

著者　　　　　石黒由華
発行者　　　　片岡巌
発行所　　　　株式会社技術評論社
　　　　　　　東京都新宿区市谷左内町21-13
　　　　　　　電話　03-3513-6150　販売促進部
　　　　　　　　　　03-3513-6185　書籍編集部
印刷・製本　　昭和情報プロセス株式会社